新编大宗商品金融

主　编　潘青松　李　玫
副主编　韩庆军

浙江工商大学出版社
ZHEJIANG GONGSHANG UNIVERSITY PRESS
·杭州·

图书在版编目(CIP)数据

新编大宗商品金融 / 潘青松,李玫主编;韩庆军副
主编. — 杭州:浙江工商大学出版社,2022.11
ISBN 978-7-5178-5147-9

Ⅰ. ①新… Ⅱ. ①潘… ②李… ③韩… Ⅲ. ①商品市
场—金融—商业服务 Ⅳ. ①F713.58②F830.9

中国版本图书馆 CIP 数据核字(2022)第 186775 号

新编大宗商品金融
XINBIAN DAZONG SHANGPIN JINRONG

主 编 潘青松 李 玫
副主编 韩庆军

责任编辑	沈敏丽
责任校对	张 玲
封面设计	朱嘉怡
责任印制	包建辉
出版发行	浙江工商大学出版社
	(杭州市教工路 198 号 邮政编码 310012)
	(E-mail:zjgsupress@163.com)
	(网址:http://www.zjgsupress.com)
	电话:0571 - 88904980,88831806(传真)
排 版	杭州朝曦图文设计有限公司
印 刷	杭州高腾印务有限公司
开 本	787 mm×1092 mm 1/16
印 张	11.25
字 数	227 千
版 印 次	2022 年 11 月第 1 版 2022 年 11 月第 1 次印刷
书 号	ISBN 978-7-5178-5147-9
定 价	42.00 元

前　言

近 20 年来,中国经济的发展速度远远超过了学科教育变革的速度,因此系统、全面的大宗商品金融课程体系在国内尚属空白。大宗商品贸易的快速发展使得行业人才需求较为急迫,但大宗商品贸易领域需要的复合型人才与传统的国际贸易人才、物流人才、金融人才有一定的差异。为此,本教材的编者不仅到国内一些大宗商品交易所和大宗商品贸易企业进行调研,了解企业对员工在大宗商品金融方面的知识和能力要求,而且到国内相关高校进行调研,向在大宗商品科研教学上具有一定影响力的学者请教,帮助确定大宗商品金融核心知识体系。本教材的编写紧紧围绕国际经济与贸易(大宗商品贸易)专业人才培养方案,根据"熟悉大宗商品金融政策,具有运用大宗商品金融等理论知识的能力,熟悉大宗商品风险控制机制"等关于大宗商品金融方面的知识和能力要求确定教材的主要内容。

本教材共九章。第一章主要阐述大宗商品金融的定义、功能、学科的理论基础,以及与大宗商品贸易紧密相关的金融市场的基本知识等。第二章主要阐述大宗商品金融化与金融服务,对金融化的概念及如何认识金融化做了简单介绍,并从金融功能出发介绍了金融如何服务于大宗商品贸易。第三章是关于大宗商品贸易支付结算等的介绍,围绕大宗商品贸易支付服务的理论与实务操作展开,在复习相关支付工具的基础上加入了一些大宗商品贸易的场景化内容。第四章是大宗商品贸易融资活动,主要介绍国内外各种线上线下经典的结构性大宗商品融资服务模式,以及具有代表性的融资案例。第五章是大宗商品金融风险管理,一方面介绍大宗商品金融服务中的风险识别和风险控制等,另一方面介绍国内和国际的相关法律法规,以及现代大宗商品金融衍生品的含义与应用。第六章介绍了期货市场的基本概念、发展情况、功能与作用,在此基础上,第七章和第八章分别介绍了期货套期保值操作和期货套利的基本思路,第九章介绍了期权市场和含权贸易的基本概念,以及期权的组合策略等。

学生通过对教材内容的学习，能系统了解大宗商品金融的基础理论，掌握大宗商品贸易支付结算、大宗商品贸易融资、大宗商品金融衍生品、大宗商品风险管理等知识，为进一步从事大宗商品贸易具体工作打下良好基础。

本教材的整体框架由潘青松搭建，在内容方面，肖本华博士和李玫博士贡献颇多，陆清卿负责了全书的校对和习题的编写，在此向他们致以诚挚的谢意。在本教材的编写过程中，浙江工商大学出版社编辑沈敏丽、新湖期货股份有限公司宁波营业部总经理韩庆军等从各自的领域提供了诸多帮助，在此一并感谢！

由于编写时间紧迫，水平有限，教材中难免存在错误和疏漏等不足之处，恳请广大读者批评指正。

编　者
2022 年 9 月

目 录

第一章　大宗商品金融概述

2014年6月6日，刚刚在香港上市的青岛港突然深陷风暴眼，被舆论视作一起有色金属融资骗贷案的事发地。德正资源的全资子公司德诚矿业将一批矿石货品存于青岛港港区仓库，但德诚矿业公司却从不同仓储公司处出具了仓单证明，并利用这些仓单去不同银行重复质押融得巨资。据统计，"德正系"骗贷案涉案的商品数量为约30万吨氧化铝、2万吨铜以及7万—8万吨铝锭。"德正系"旗下公司利用

导入案例讲解

仓单重复质押向银行贷款，受牵连的中外银行多达数十家，涉案金额在45亿美元左右。

2018年12月10日，青岛市中级人民法院一审判决一起合同诈骗、信用证诈骗案，判处被告单位德正资源控股有限公司罚金30.12亿元，判处被告人陈基鸿有期徒刑23年，并处罚金220万元。分别判处其他被告人江平、杨悦、陈旭军、刘先洲、袁妮、张家春、薛键、王文宏、黄义发10年至3年不等的有期徒刑，并处罚金。

案例思考

为什么这起青岛融资骗贷案规模如此巨大？大宗商品金融包含哪些方面？

第一节　现代大宗商品贸易概述

一、大宗商品与大宗商品贸易

大宗商品是指同质化、可交易、被广泛作为工业基础原材料的商品。根据不同的性质，大宗商品可以分为硬性商品、软性商品及能源商品三大类：硬性商品主要包括有色金属、黑色金属等基础金属产品及各种矿石产品；软性商品主要包括大豆、棕榈油、棉花、可可等农产品；能源商品包括原油、燃料油、煤、天然气等动力能源类商品。

知识点讲解

大宗商品既具有商品属性,又具有金融属性。与一般商品一样,大宗商品都具有一定的使用价值和价值,可广泛用于工业生产。但与一般商品相比,大宗商品可以看成一项资产,具有保值、增值和融资等金融功能,具有金融属性。当然,不同种类的大宗商品会由于自身的稀缺性、增值性和流动性等特征导致金融属性存在差异性,如黄金、白银的金融属性较强,而大豆、玉米的金融属性相对较弱。正是因为大宗商品具有双重属性,所以一方面可以活跃交易以更好地服务实体经济;另一方面也有可能导致大宗商品贸易过于偏向金融属性,投机性较强,忽视了为实体经济服务。

大宗商品具有的价格波动大、供需量大、易于分级和标准化、易于储存和运输等特点使其既适合进行现货贸易,又适合进行期货交易。大宗商品现货贸易包括传统的现货贸易和现代的现货贸易。传统的大宗商品现货贸易主要通过传统的批发和零售等交易模式进行交易,而随着电子商务的发展而产生的现代大宗商品现货贸易则主要通过电子交易的方式进行即期交易和中远期交易,但如何界定现代大宗商品现货贸易还存在许多争论。

根据《国务院关于清理整顿各类交易场所切实防范金融风险的决定》和《商品现货市场交易特别规定(试行)》,可将目前我国现代意义上的大宗商品现货贸易定义为:采用协议交易、单向竞价交易以及各省级人民政府依法规定的其他交易方式等非集中交易方式进行的大宗商品非标准化合约交易,可约定立即交收或者在一定期限内交收。

现代意义上的大宗商品现货贸易介于传统的大宗商品现货贸易与期货交易之间,其与期货交易的最大区别在于是否通过集中竞价的方式进行标准化合约的交易。三者之间的区别如表 1-1 所示。

表 1-1　传统大宗商品现货贸易、现代大宗商品现货贸易与期货交易的区别

区别	传统大宗商品现货贸易	现代大宗商品现货贸易	大宗商品期货交易
交易模式	交易模式主要是批发、零售、转单	交易模式多样化,有订单交易、现货挂牌交易、现货专场交易等。有即期和中远期现货贸易	交易模式相对单一,只有远期合约交易
交割与否	需要交割	兼顾交易与交割	侧重于交易,不以实物交割为目的
市场功能	获得或让渡商品所有权,成交的价格信号短促	集交易、信息、会展、仓储、物流、质押融资等服务于一体,同时具有发现价格以及降低风险的功能	套期保值,发现价格、降低风险
交易对象	非标准化合约	标准程度较高的非标准化合约	标准化合约

这三类大宗商品贸易的关系具有一定的层次递进性,即传统大宗商品现货贸易是现代大宗商品现货贸易和期货交易产生的基础,而现代大宗商品现货贸易品种的成熟往往又会为期货交易的推出奠定基础。不仅如此,现代大宗商品现货贸易与期货交易在服务实体经济方面还具有很强的互补性。对于企业而言,除需要在期货市

场进行套期保值之外,也希望参与现货贸易平台,不仅可从中获得价格合理、质量稳定的各类大宗商品,还可以获得信息发布、支付、结算等交易服务,物流、仓储、检验等交收服务,以及供应链融资服务。此外,现代大宗商品现货贸易还是实现期现对接的纽带。现代大宗商品现货贸易采用互联网及信息技术,通过与期货市场进行仓库互认、仓单互通、信息共享等实现有效对接,可解决期货交易这一层级的贸易流通功能弱、与现货市场对接不足等问题。

二、国内外大宗商品贸易产生和发展状况介绍

大宗商品的首要属性是商品属性,其产生于实体经济的现实需求,并根据实体经济的发展而发展。

(一)国外大宗商品现货贸易的产生和发展

从国际上看,集中和有组织的大宗商品现货贸易较早产生于美国。19世纪三四十年代,芝加哥作为连接美国中西部产粮区与东部消费市场的粮食集散地,已经发展成为当时全美最大的谷物集散中心。随着农业的发展,农产品交易量越来越大,同时由于农产品生产的季节性特征、交通不便和仓储能力不足,农产品的供求矛盾日益突出,具体表现为:每当收获季节,农场主将谷物运到芝加哥,谷物在短期内集中上市,交通运输条件难以保证谷物及时疏散,使得当地市场饱和,谷物价格一跌再跌,加之仓库不足,致使生产者遭受很大损失;到了来年春季,又出现谷物供不应求和价格飞涨的现象,使得消费者深受其苦,粮食加工商因原料短缺而困难重重。在这种情况下,储运经销应运而生。当地经销商在交通要道设立商行,修建仓库,在收获季节向农场主收购谷物,来年春季再运到芝加哥出售。当地经销商的出现,缓解了季节性的供求矛盾和价格的剧烈波动,稳定了粮食生产。但是,当地经销商面临着谷物过冬期间价格波动的风险。为了规避风险,当地经销商在购进谷物后就前往芝加哥,与那里的谷物经销商和加工商签订来年交货的远期合同。随着谷物远期现货贸易的不断发展,1848年,82个美国商人在芝加哥发起并组建了芝加哥期货交易所(CBOT)。虽号称期货交易所,但用今天的眼光来看,该所实际上从事的是远期合同交易。交易的参与者主要是生产商、经销商和加工商,其特点是实买实卖,交易者利用交易所来寻找交易对手,在交易所缔结远期合同,待合同期满,双方进行实物交割,以商品货币交换了结交易。当时的交易所对供求双方来说,主要起稳定产销、规避季节性价格波动风险等作用。

这种大宗商品现货贸易是期货产生的温床。芝加哥期货交易所于1865年推出了标准化合约,取代了原先使用的远期合同。同年,该交易所又实行了保证金制度(又称按金制度),以消除交易双方由于不能按期履约而产生的诸多矛盾。1882年,交易所允许以对冲合约的方式结束交易,而不必交割实物。与此同时,一些非谷物商看到转手谷物合同能够盈利,便进入交易所,按照"贱买贵卖"的商业原则买卖谷物合

同,赚取一买一卖之间的差价,这部分人就是投资商。为了更有效地进行交易,专门联系买卖双方促成交易的经纪业务日益兴隆,发展成为经纪行。为了处理日益复杂的结算业务,专门从事结算业务的结算所也应运而生。标准化合约、保证金制度、对冲机制和统一结算的实施,标志着现代期货市场的确立。

虽然当前发达国家商品期货交易十分繁荣,但期货交易标准化程度高,交割率低,满足不了企业对商品实物的一些个性化要求,替代不了大宗商品现货贸易在服务实体经济上的作用,所以在美英等国,大宗商品现货贸易仍然占有非常重要的地位,并与期货交易在服务实体经济上起互补作用。一般而言,在发达国家大宗商品贸易中,如果商品现货基础好、标准化程度高,往往实行现货市场—期货市场两级市场体系;商品现货基础差、标准化程度低,往往实行现货市场—中间市场(现货电子交易市场)—期货市场三级市场体系。

(二)国内大宗商品现货贸易的产生和发展

国内现代意义上的大宗商品现货贸易的产生也是基于实体经济的需求,而且从发展规范来看,坚持服务实体的宗旨也一直是政府管理部门所要求的。

我国现代意义上的大宗商品现货贸易,是在商品批发模式的基础上发展起来的。1985年,重庆率先提出了建设工业和农产品贸易中心,把商品批发模式改成自由贸易流通模式。1989年,当时的商业部决定在国内建立批发市场,并开始组建郑州粮食批发市场建设领导小组,自此,批发市场从展销摆摊交易方式,向可以开展中远期合约订货交易方式的方向发展。1997年,经当时国内贸易部批准,国家经贸委等八部委进行联合论证,推出了一种新型现货贸易模式,即可对相应商品进行即期现货或中远期订货交易。1998年,江泽民主席在亚太经合组织会议上提出要用电子商务的方法来推进中国的流通业现代化。此后,《大宗商品电子交易规范》发布,我国在“十一五”规划中提出要稳固发展大宗商品贸易。正如前文所言,这种现代大宗商品现货贸易与传统的批发模式一样服务于实体经济,但比批发模式便捷、安全,能节约成本和提高效率,同时有利于形成权威价格信息,可更好地服务于政府及企业。2008年金融危机之后,中国金融体系快速发展,金融衍生品市场逐步繁荣,商品期货市场快速发展,截至2022年10月,中国已经建立了4家商品交易所,包含了40余种商品期货和期权产品。

三、国内外大宗商品贸易与实体经济的关系

总体而言,现代大宗商品现货贸易服务于实体经济的机理可从微观、中观和宏观3个层面进行分析。本教材仅从微观层面进行分析。

从微观上来讲,大宗商品现货贸易主要通过商业模式的创新将大宗商品的供给者和需求者更好地联系起来,降低企业的成本并规避风险。

(一)降低企业成本

对于现代大宗商品现货贸易降低企业成本的作用可以用新制度经济学的交易费用理论予以阐释。新制度经济学认为,交易费用是企业用于寻找交易对象、订立合同、执行交易、洽谈交易、监督交易等方面的费用,主要由搜索成本、谈判成本、履约成本与监督成本构成。新制度经济学认为,制度演化的过程就是一个不断降低交易费用的过程,一种制度代替另外一种制度,是因为新制度能降低交易费用。现代大宗商品现货贸易之所以能逐步替代传统的大宗商品现货贸易,是因为前者利用电子交易手段建立集交易、清算、仓储、物流等服务于一体的大宗商品贸易集成平台,这个平台能降低大宗商品买卖双方在交易中的搜索成本、谈判成本、履约成本与监督成本。首先,在现代化的大宗商品电子交易平台上,有众多的买方和卖方,使用网络较为容易寻找到交易对象,从而降低搜索成本;其次,虽然现代大宗商品现货贸易的对象不是标准化合约,但与传统的大宗商品现货贸易相比,标准化程度大大提高,交易双方只需要在主要的交易要素上进行谈判就可以,可大大降低谈判成本;再次,现代化的大宗商品现货贸易平台都提供清算、仓储、物流等服务,可降低履约成本;最后,管理规范的现代大宗商品现货贸易平台,增强了贸易的透明度,可有效遏制暗箱操作,增强了合同履约率,从而降低了交易双方的监督成本。

(二)规避价格风险

大宗商品价格波动较大,企业可通过套期保值规避价格波动风险。套期保值是企业管理风险的必备手段。一般来说,现代大宗商品现货贸易中的套期保值机理为:在买进或卖出实货的同时,在大宗商品电子交易市场上卖出或买进同数量的商品,经过一段时间,当价格变动使大宗商品买卖上出现盈亏时,可由电子交易上的盈亏得到抵消或弥补,从而在近期和远期之间建立一种对冲机制,以使价格波动风险降到最低。

(三)加强产业集聚

最近几十年,经济全球化表现为产业在价值链上不断分解和产业板块在区域空间上充分集聚,产业集聚发展已成为一个重要趋势。一方面,对于同类企业来说,集聚发展可以促进企业间的技术交流与传播,使一家企业的创新迅速外溢到其他企业,同时,出于生存竞争需要,企业会更加注重创新;另一方面,产业集聚可带动上下游关联企业发展,而且还能强化分工协作,提高生产效率,延伸产业链条。总之,产业集聚能够有效地促进技术升级,进而带动产业升级,推动产业结构调整和区域经济发展。

当前大宗商品产业链在全球的布局越来越专业,原料、制造、物流、仓储表现出越来越专门化的趋势。规模化、专业化、高效运行的现代大宗商品交易市场能够有效集聚商流、资金流、信息流和物流,从而产生强大的产业集聚和辐射作用,极大地促进当地产业发展。

(四)带动地方经济发展

国际上,通过大宗商品贸易发展带动地方经济发展的成功案例较多。工业革命推动伦敦成为那时候的世界大宗商品现货贸易中心,从而完善了伦敦的市场制度和税收政策,让其牢牢占据着世界金属定价中心的地位。芝加哥,曾经制造业极度衰退,但是通过发展大宗农产品交易,成功实现了"锈带复兴"。新加坡,其原先的石油炼制等传统制造业成功转向大宗商品现代服务业,在大宗商品的发展上做出许多创新,如优惠的税收,现在已成为亚太地区最重要的大宗商品贸易和现货中心之一。鹿特丹,始终坚持港口建设,大力发展大宗商品物流仓储和相关工业,现在是欧洲的现货集散中心。

在国内,近年来,天津、北京、青岛、大连、广州等依托良好的区位优势和产业基础,都在大力推进大宗商品贸易中心建设,以带动地方经济的发展。从长三角范围看,在150公里的直径内,形成了上海、宁波、舟山三大港口城市争夺石化、铁矿石、煤炭、钢铁等的大宗商品贸易中心的格局。

(五)提高大宗商品国际定价权

在大宗商品领域,掌握了定价权就掌握了该领域产业链的利润分配。随着中国对外开放的不断深入和经济全球化的不断发展,中国在国际大宗商品贸易中的地位越来越重要,对大宗商品的需求量也逐步攀升。因此,掌握大宗商品定价权对于中国的经济发展来说至关重要。但是由于种种原因,中国在国际大宗商品的定价上几乎无发言权,这与其贸易大国地位极不相符。即便是处于优势地位的大宗商品贸易领域,如稀土、原煤、天然橡胶等,中国在定价权上也处于不利局面。这种不合理的境遇严重影响着中国的国家利益。要提高中国的大宗商品定价权,一方面要推进国内期货市场的改革,另一方面也要发展大宗商品现货贸易市场,因为大宗商品现货贸易不仅更能反映实体经济的供求,而且可以通过期现对接助推我国期货交易市场提高在国际大宗商品上的定价权。

(六)推动产业转型升级

随着新一轮技术革命的进步和发展,国际分工与贸易格局正在发生深刻变化,全球产业格局进入了新一轮调整期。一方面,以美、英为代表的发达国家大力发展新兴产业,加快推进"再制造化"进程,提升对产业价值链的控制力;另一方面,全球产业转移的内容,也从以加工制造业为主拓展到研发、采购、物流、金融等生产性服务领域。面对国际竞争的严峻挑战,我国以模仿、代加工和低技术含量为主的产业的发展空间已非常有限。加上近年来部分行业产能严重过剩、各类要素成本全面上升、资源环境约束日益趋紧的影响,传统的发展方式已难以为继,迫切需要产业转型升级。

大宗商品现货贸易在促进产业转型升级中发挥着不可替代的作用。第一,大宗商品现货贸易能够为各产业发展提供高质量的中间服务。第二,大宗商品现货贸易的发展能够延伸原有产业链条,提升产业附加值。大宗商品现货贸易处于"微笑曲线"的高端,与中间的加工制造环节相比,利润更为丰厚。在我国已积累了庞大制造业产能的基础上,加快向产业价值链高端跃升,有利于创造更多的新价值。第三,大宗商品现货贸易发展能够优化资源配置效率,拓展现有的分工网络,衍生出新的分工结构,有效提高服务的专业化水平,降低社会交易成本,推动我国产业逐步由生产制造型向生产服务型转变。

第二节　大宗商品贸易与大宗商品金融

一、大宗商品贸易与大宗商品金融概念界定

大宗商品金融是围绕大宗商品贸易展开的,在世界历史的演变过程中,大宗商品贸易大约可以分为地中海贸易阶段、欧洲贸易阶段、美洲贸易阶段和东亚贸易阶段。

知识点讲解

(一)地中海贸易阶段

地中海贸易阶段是大宗商品贸易的起源阶段,西欧文明在地中海两岸星罗棋布,由于地中海地形割裂,粮食生产与油料生产地区差异明显。因此在文艺复兴之前,粮食贸易是这一阶段该地区的主导贸易品种。由于国家的诞生与各国货币的不一致,大宗商品贸易在此过程中诞生了银行货币兑换、船舶租赁业务和第三方运输。

(二)欧洲贸易阶段

在欧洲贸易阶段,以地理大发现为前提的欧洲殖民贸易和工业化得到极大发展。该阶段以羊毛、煤炭为主要贸易品种,西欧探险家们纷纷向非洲和美洲进发,通过贸易将工业品由西欧输出到殖民地区,将大宗商品由殖民地带回欧洲。在这一阶段,不少王公贵族和探险爱好者通过赞助的方式激励探险者进行探险活动,以获得探险活动带来的商品回报,这一举措可以视作大宗商品融资活动的雏形。

(三)美洲贸易阶段

美洲贸易阶段是以三角贸易形态建立的贸易阶段。非洲和美洲提供大量的矿石和农产品,为欧洲提供工业品直至"二战"结束。汽车工业带动的原油交易是这一阶段最重要的大宗商品交易。且随着工业复杂度的提升和造船业的进步,这一阶段的运输量和运输价值得到了极大的提升。专门的大宗商品运输企业和大宗商品贸易企业开始逐步建立。

(四)东亚贸易阶段

在以中国、日本、韩国为主要贸易中心的东亚贸易阶段,化工技术快速发展,原油化工产品和新能源成为这一阶段的重要商品。期货市场和期权衍生品市场进一步丰富,因此该阶段的特征是:与期货等衍生品相结合的基差贸易和含权贸易成为贸易实践中的重要内容。围绕衍生品市场还出现了一系列的套利、投资等贸易方式。

综合而言,在大宗商品贸易过程中,一方面由于大宗商品本身可以看成一项资产,具有保值、投资和融资等金融功能;另一方面由于大宗商品贸易资金量大、贸易过程复杂、贸易信用风险高,因此在贸易过程中需要借助融资、结算、信用增强等金融工具。基于此,本教材对大宗商品金融概念的界定为:大宗商品金融是围绕大宗商品贸易过程发生的融资、结算、增信、投资等一系列的金融活动的综合,以上活动的核心要素是大宗商品的价值尺度与流通作用。

二、大宗商品金融的业务创新方向

(一)建立交易、托管、清算、仓储"四分开"机制

在国内大宗商品现货贸易业务模式创新中,应加强与相关机构的合作,推动上海自贸区的大宗商品贸易交易、托管、清算、仓储"四分开"机制的复制和推广。为建立这一机制,各地大宗商品贸易中心应积极建议当地政府牵头成立大宗商品清算中心。依托大宗商品清算中心和有关银行及机构,一些大宗商品贸易中心可建立交易、托管、清算、仓储的"四分开"机制:一是建立健全交易、资金托管、清算、仓储、信息发布、风险控制、市场管理等的业务规则与各项规章制度,做到交易、托管、清算、仓储分开,严格防范和妥善处理各类风险;二是确保交易各方的交易资金存储在第三方的资金存管机构开设的专用资金账户中,不得侵占、挪用账户资金,由主办银行或独立第三方清算机构对交易资金进行清算,确保交易资金安全;三是建立完善的仓单管理及交收机制,由独立第三方仓单公示系统对仓单进行登记公示,确保仓单真实性和交收安全。

(二)加快实现期现对接

在大宗商品现货贸易业务模式创新中,应正视期货发展带来的挑战,在挑战中抓住机遇,加快期现对接。通过期现对接,实现大宗商品期货市场向下延伸、大宗商品现货市场向上提升,形成场内场外、期货现货市场的有机联动。这不仅可增强大宗商品现货市场定价功能,把大宗商品期货市场的功能通过现货市场传导到企业,又能够通过大宗商品现货市场功能的打造,支持大宗商品期货市场发挥更加合理的作用。

在具体的期现对接中,大宗商品现货贸易市场可抓住仓单互换与合作套保、点价交易与基差交易、期现套利、仓单交易、可转让提单交易、预售合同交易、仓单融资与供应链融资、物流配送、库存管理与交割服务、第三方风险管理、商品指数基金、商品期货 ETF(交易型开放式指数基金)产品设计、场外商品期权、期货公司做市商制度等

对接点进行合作。例如国内一些石油交易中心可与上海国际能源中心合作开展仓单转换业务,约定仓单转换业务中仓单转换程序、试点交割仓库服务及监管等主要内容,以信用为基础、以物流为保障,实现原油市场中非标准化合约的流通,最终通过仓单纽带实现各地石油交易中心与上海国际能源交易中心原油期现货市场的自然连接。

(三)建立多元化的大宗商品融资服务体系

大宗商品现货贸易金融服务的创新,应充分利用我国金融改革的机遇,建立多元化的金融服务体系,尤其是跨境贸易融资服务体系:一是以简单、快捷、灵活、安全为特色的银行融资服务体系;二是以跨境人民币贷款为依托的大宗商品境内外一体化金融服务体系;三是以大宗商品商品基金、大宗商品融资租赁、资本联合体、融资担保等为补充的大宗商品贸易中心配套融资服务体系;四是以互联网金融为核心的在线融资、电子仓单质押融资等创新融资服务体系,提供"大宗商品订单池融资""票据池融资""在线保理融资"和"仓单质押融资"等金融服务,逐步形成独具特色的在线供应链融资服务和模式。

第三节　大宗商品金融的学科基础

自从原油等的期货市场产生后,相应的大宗商品市场便成了金融市场的一部分,铜、石油、铁矿石等大宗商品正逐渐脱离商品属性的枷锁,散发出浓重的金融化气息,国际大宗商品市场日益走向金融化。在此需要介绍与大宗商品金融相关的学科与理论基础。

知识点讲解

大宗商品金融课程是金融学与商品贸易的交叉融合课程。金融学属于经济学的分支学科,即应用经济学科,其以融通货币和货币资金的经济活动为研究对象,具体研究个人、机构、政府如何获取、支出、管理资金及其他金融资产。可分为微观和宏观两个层面。

微观金融学主要考虑金融现象的微观基础。如同微观经济学一样,它实质上也是一种价格理论,研究如何在不确定的情况下,通过金融市场,对资源进行跨期最优配置,这也意味着它必然以实现市场均衡和获得合理金融产品价格体系为理论目标和主要内容。其重要任务是为资产定价。

宏观金融学研究在一个以货币为媒介的市场经济中,如何获得高就业、低通货膨胀、国际收支平衡和经济增长。可以认为宏观金融学是宏观经济学(包括开放条件下的)的货币版本,它着重于宏观货币经济(包括了开放条件下的)模型的建立,并通过它们产生对于实现高就业、低通货膨胀、高经济增长和其他经济目标可能有用的货币政策结论和建议。

大宗商品金融学的理论基础既包括微观金融学,也包括宏观金融学。从课程体系内容来看,联系较为密切的主要有货币银行学和金融经济学。

一、货币银行学

货币银行学是用经济学的理论和方法研究货币和银行的学问,也称货币金融学。现代市场经济就是货币经济,是高度发达的信用经济,不懂货币银行学就不懂现代市场经济。货币有两个主要作用——媒介交换和储藏价值。可以说,正是这种区分导致了从货币数量理论到现代货币理论的发展。

现代金融体系包括银行、非银行金融机构和各种专业金融市场,它们保证货币主要功能的实现。从最初的仅仅是确保纸币稳定地充当流通手段的早期银行制度,到筹集巨额建设资金的直接金融市场,又进一步发展出了适应国家干预,以确保经济健康运行的、以中央银行为核心的现代金融体系。

以上述基本金融范畴为理论基石,货币银行学向宏观视角延伸,深入探讨现代市场经济运行中的货币需求理论、货币供给理论、货币供求均衡理论、通货膨胀与通货紧缩理论;同时进一步从理论与实际操作模式的角度探讨中央银行调控机制下的货币政策、货币政策工具、货币政策目标、货币政策传导机制等市场经济中的宏观调控理论。

二、金融经济学

金融经济学是经济学的主要分支之一,是对金融市场上金融资产的创立和交易以及交易主体的最优决策进行详细分析的科学。现代金融或金融经济学的研究包括四个核心内容:资产定价,个人理财,公司财务和金融市场,中介及监管。其中有关金融资产定价的研究进展最快,在过去的半个多世纪中新成果层出不穷。

金融经济学研究的对象为:一是不确定性条件下经济主体跨期资源配置的行为决策;二是作为经济主体跨期资源配置行为决策结果的金融市场整体行为,即资产定价和衍生金融资产定价;三是金融资产价格对经济主体资源配置的影响,即金融市场的作用和效率。金融经济学的中心问题是如何在不确定的金融市场环境下对金融资产进行定价。

金融经济学的主要理论有:

(一)一般经济均衡理论

创始人为瓦尔拉斯,主要内容是:在一个经济体中有许多经济活动者,其中一部分是消费者,一部分是生产者。消费者追求消费的最大效用,生产者追求生产的最大利润,他们的经济活动分别形成市场上对商品的需求和供给。市场的价格体系会对需求和供给进行调节,最终使市场达到一个理想的一般均衡价格状态。在这个状态下,需求与供给达到均衡,而每个消费者和每个生产者也都达到了他们的效用最大化和利润最大化的要求。

(二)有效市场理论

代表人为法玛。该理论认为:在一个充满信息交流和信息竞争的市场中,一种特定的信息能够在证券市场上迅速被投资者知晓,随后,股票市场的竞争将会驱使证券价格充分且及时地反映该种信息,从而使得投资者根据该种信息所进行的交易不存在非正常报酬,而只能赚取风险调整后的平均市场报酬。在有效市场中,资产价格总是完全反映可利用的信息,投资者不能基于可利用信息获得超额收益。基本假设条件包括零交易成本、零信息成本和理性投资者。

弱式有效市场:证券价格已经完全反映了从证券市场历史交易数据中得到的信息,如过去的股价史、交易量等。如果弱式有效市场假说成立,则股票价格的技术分析失去作用,基本面分析还有可能帮助投资者获得超额利润。

半强式有效市场:证券价格已经完全反映了所有公开可用的信息。如果半强式有效市场假说成立,则技术分析和基本面分析都将失去作用,有内幕消息者可能获得超额利润。

强式有效市场:证券价格已经完全反映了所有有关信息,包括仅为公司内部人掌握的内幕信息。在强式有效市场中,没有任何方法能帮助投资者获得超额利润,即使有内幕消息者也一样。

(三)资产组合理论

由马科维茨提出,研究一个投资者同时在许多种证券上投资时,应该如何选择各种证券的投资比例,使得投资收益最大,风险最小,即研究风险状态下的投资决策。

马科维茨在理论上的最大贡献在于,他把收益与风险这两个原本有点含糊的概念明确为具体的数学概念,以均值和方差衡量风险和收益。经济主体对金融资产的选择主要依据资产收益的均值和方差的大小。基于其均值-方差理论,投资者运用效应最大化的决策原则,在所有可能的投资方案中求出投资决策的最优解。

(四)资本资产定价理论

代表者是夏普。资本资产定价是现代金融经济学研究的核心内容之一,资本资产定价理论旨在研究具有不确定未来的收益索偿权的价值并确定其价格,它是投资理论的基石。

资本资产定价理论的核心问题为:资产的价格等于预期收益的现值。资本资产定价模型(CAPM)的形式为:$E(Rp)=Rf+\beta(RM-Rf)$。其中(Rp)表示投资组合的期望收益率,Rf为无风险报酬率,RM表示市场组合期望收益率,β为某一组合的系统风险系数。CAPM模型主要表示单个证券或投资组合同系统风险收益率之间的关系,即单个投资组合的收益率等于无风险收益率与风险溢价的和。

（五）套利定价理论

它是资本资产定价理论的替代理论。它适用于所有资产的估值模型,是一种多因素模型。其理论基础是:一项资产的价格由不同因素驱动,将这些因素乘上该因素对资产价格影响的系数,加总后再加上无风险收益率,就可以得出该项资产的价值。

（六）资本结构理论

由米勒与莫迪利亚尼提出,其结论是:在不考虑公司所得税,且企业经营风险相同而只有资本结构不同时,公司的资本结构与公司的市场价值无关。修正的资本结构理论(含税条件下的资本结构理论)认为,在考虑公司所得税的情况下,由于负债的利息是免税支出,可以降低综合资本成本,增加企业的价值,因此公司只要通过财务杠杆利益的不断增加,就可不断降低资本成本。负债越多,杠杆作用越明显,公司价值越大。

（七）行为金融学理论

行为金融学是金融经济学的一个分支,它采用心理学的观点,研究人们在投资决策过程中的认知、感情、态度等心理特征,以及由此而引起的市场非有效性。行为金融学对有效市场的批驳首先就是针对理性人假设和无套利假设这两个主流金融经济学基本观点的批驳。表现在:

一是行为金融学提出有限理性人假设。首先,不承认"经济人"这个前提,认为利他主义、社会公正等也广泛存在;其次,传统主流经济理论认为人们会理性地自利,因而经济运行也具有自身的理性,而行为金融学认为人本身就不理性,因此经济活动也不是那么理性。行为金融学家最终认为:投资者是有限理性的,投资者会犯错误;在绝大多数时候,市场中理性和有限理性的投资者都是起作用的。

二是行为金融学提出有限套利假设。真实世界中的套利交易会由于存在制度约束、信息约束和交易成本等受到极大的限制,存在大量的风险,在一定条件下限制套利,使得对基本价值的偏离持续地存在。如果套利无法实现或受限制,那么以此为基础的金融理论对金融现实的解释将受限制。

三是行为金融学提出前景理论。人们的判断行为不完全像预期效应理论所假设的那样,在每种情况下都清楚地计算得失和风险概率,其选择行为往往受到个人偏好、社会规范、观念习惯的影响,因而决策不一定能够实现效益最大化。因此,前景理论实质上是关于在不确定条件下人们的决策行为理论。

（八）期权定价理论

1973 年,美国学者布莱克和斯科尔斯合作发表了在期权定价方面的著名文章,从此期权定价理论获得了重大突破。

期权定价理论的内容包括:买入-卖出期权平价关系、美式买入期权的最优执行方案、布莱克-斯科尔斯期权定价模型、布莱克-斯科尔斯分析、布莱克-斯科尔斯期权定价偏微分方程等。

在设计金融产品组合时,期权定价分析在风险共享产品的确认、产品定价、风险管理和风险控制等方面的作用尤为突出。期权定价的方法还可用来对非公司财务安排(如政府贷款担保、养老保险和存款保险等)进行定价,对各种雇员补偿计划进行评估。期权定价分析与资产组合理论相结合,已经成为研究保险理论的重要工具。

实践案例

浦发银行推出自贸区大宗商品贸易一站式金融服务

2016 年 1 月,浦发银行创新推出"自贸区大宗商品现货贸易市场一站式金融服务",并正式发布《大宗商品综合金融服务方案 2.0》,旨在为自贸区大宗商品贸易市场、交易商提供定制化、差异化的专属金融服务方案。

"自贸区大宗商品现货贸易市场一站式金融服务"将着力打造交易市场跨境实时清算、交易平台多币种现金管理和全球会员免担保保税仓单融资三方面的服务。首先,浦发银行联合上海清算所,借助自贸区 FT 账户(自由贸易账户)体系,实现了交易市场的跨境人民币实时清算、结算。其次,该行为自贸区大宗商品贸易平台开立在岸账户和 FT 账户,提供资金存放、资金监管、资金避险等服务,保障交易平台资金运营安全;为境内外的交易会员分别开立在岸账户、FT 账户和 OSA 账户(离岸账户),提供多币种的离在岸交易资金托管、划付和增值服务。最后,浦发银行自贸区电子商务系统具备"融单"和"融资"功能,能为交易市场的境内外会员提供免担保的保税仓单融资。

 课后思考题

(1)请简要说明什么是金融,它的基本功能体现在哪些方面。

(2)请阐述大宗商品贸易与大宗商品金融的关系。

(3)请简述大宗商品贸易与期货交易的关系。

(4)请论述现代大宗商品现货贸易与实体经济发展之间的关系。

(5)你认为目前大宗商品现货贸易存在什么问题?其制约因素是什么?

(6)当前大宗商品现货贸易的金融服务存在的主要问题是什么?请举例说明大宗商品现货贸易金融服务创新的主要路径。

课后习题讲解

第二章 大宗商品金融化与金融服务

导入案例

2022年2月,俄乌冲突不断激化并最终引发战争。冲突导致俄乌出口商品的生产和相关国际贸易遭受严重破坏,也造成了国际大宗商品价格的剧烈波动。2022年2月至2022年4月期间,世界银行监测的国际能源和非能源价格指数分别上涨了34％和15％。

导入案例讲解

世界银行在随后的工作论文中阐述,在俄乌冲突发生之后,国际粮食价格迅速飙升,其中芝加哥小麦期货价格在10天内由900美元/手上涨至最高1363美元/手,涨幅超过50％,其他农产品涨幅也在10％—50％不等。粮食价格的上涨使部分粮食进口国产生了粮食危机,不少非洲国家开始寻求世界银行和国际货币基金组织的帮助。与这些国家不同,由于中国粮食储备充足,国内粮食价格并未发生较大变动。

案例思考

为什么战争对农产品价格的影响如此巨大？小麦的期货市场价格是由哪些因素决定的？中国应该如何保证国内粮食安全？

第一节 商品金融化及其表现

近年来,大宗商品期货价格剧烈波动的主要原因是大宗商品作为一种投资产品而成为国内外投资者逐利的工具,并且大量的货币资金在实物商品供需基本面消息的推动下,通过期货合约交易产生对实际商品的虚拟交易。

知识点讲解

一、大宗商品金融化的定义

在大宗商品期货市场中,实物商品交易被商品合约交易替代,使得大宗商品贸易既具有商品属性,又具有金融属性。所谓商品属性是指大宗商品期货合约所代表的标的物是现货商品,买卖合约就代表着对现货商品的买卖。所谓金融属性是指大宗商品期货合约是依托于现货商品的一个有价证券,作为一种有价证券,大宗商品期货合约成了一种投资品种,因而具有了投资价值。

当大宗商品在期货市场交易中,被更多地当作有价证券去做投资和交易时,其金融属性凸显。如果大宗商品在期货交易中主要以实物交割为目的进行合约买卖,其商品属性凸显。然而在最近 10 年里,大量货币资本依托于期货合约的实物商品背景,将其作为一种有价证券频繁交易和买卖以套取价差而谋利,而不是以实物交割买卖为目的,导致期货合约价格波动幅度增加,易暴涨暴跌。

学术界对于金融化还没有统一的界定。在宏观层面,有的学者认为金融化指的是以资本市场为主导的金融系统渐渐取代了以银行为主导的金融系统;在微观层面表现为公司治理模式越来越关注股东价值的重要性;而商品交易的金融化表现为金融交易的爆炸性增长和新的金融工具与金融产品的激增。在微观层面,多尔(2002)认为金融化可以定义为:金融业在整个经济活动中所占的比重增加;财务控制在公司管理中的重要性增强;金融资产在总资产中的比例增加;市场化的证券和权益在金融资产中的比例增加;股票市场作为公司控制的市场在制定公司策略时的重要性越来越大;股票市场的波动越来越被看作商业周期的决定因素。克里普纳(2004)认为金融化一词指的是获取利润的财富积累模式越来越多地通过金融渠道而不是通过商品贸易和商品生产。在此基础上,爱泼斯坦和杰拉尔德(2005)认为从广义上来说,金融化是指金融动机、金融市场、金融从业者和金融机构在国内和国际经济运行中起到了越来越重要的作用。由此我们也可以这样来定义大宗商品金融化,它意味着金融性动机(或投资动机)、金融市场行为以及金融机构和从业者在商品市场的运行中所占的比例越来越高。金融化表现为经济系统或者金融市场弱化了可交易商品(有形或者无形,期货或者现货)的实际价值,使之成为可交易的金融工具或衍生金融工具。

二、国际大宗商品金融化的主要表现

大宗商品金融化主要体现在商品期货市场上。其参与者主要是大型机构投资者而非套期保值者。投资者的增加带来商品期货投资的增长,从而引起商品期货市场在市场结构、市场价格、市场绩效方面的改变。其中最突出的表现是大宗商品价格的剧烈波动。除了商品期货价格变化呈现出与实际供求关系相脱节的特征之外,还有以下几个方面被认为是大宗商品金融化的主要证据。

(一)不同商品期货收益率的相关性明显增强

从商品属性上看,品种不同的商品期货的价格变化或收益率应该互不相关或者相关性较低;但近年来,这些不同商品期货收益率之间的相关性明显增强。有学者研究了以石油为代表的能源类商品期货与非能源类商品期货之间收益率的相关性,发

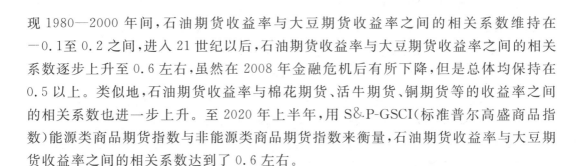

现 1980—2000 年间,石油期货收益率与大豆期货收益率之间的相关系数维持在
—0.1 至 0.2 之间,进入 21 世纪以后,石油期货收益率与大豆期货收益率之间的相关
系数逐步上升至 0.6 左右,虽然在 2008 年金融危机后有所下降,但是总体均保持在
0.5 以上。类似地,石油期货收益率与棉花期货、活牛期货、铜期货等的收益率之间
的相关系数也进一步上升。至 2020 年上半年,用 S&P-GSCI(标准普尔高盛商品指
数)能源类商品期货指数与非能源类商品期货指数来衡量,石油期货收益率与大豆期
货收益率之间的相关系数达到了 0.6 左右。

(二)计入大宗商品价格指数的期货品种之间的相关性显著提升

衡量国际大宗商品期货价格的两个重要指标分别是标准普尔高盛商品指数和道
琼斯瑞银价格指数(DJ-UBSCI)。作为国际市场上资金跟踪量最大的两类商品指数,
S&P-GSCI 和 DJ-UBSCI 是根据能源类、工业金属类、家畜产品类等多种商品期货合
约价格按一定的权重计算而成的。但这两大指数的编制样本并未包括一部分重要的
国际大宗商品,例如小麦、豆粕、稻谷、燕麦、木材、橙汁,以及铂和钯等。有学者将主
要的大宗商品按照其是否被列入 S&P-GSCI 或者 DJ-UBSCI,分为指数化大宗商品
和非指数化大宗商品两大类,结果发现在 1973—2007 年间,各类被列入指数的大宗
商品之间收益率的相关系数与未被列入指数的各类商品之间的相关系数基本在 0.2
以下,呈同步变化;但这种现象自 2008 年下半年开始出现明显变化,其中,列入 S&P-
GSCI 或者 DJ-UBSCI 的各类大宗商品收益率之间的相关系数大幅上升,平均值达到
0.5 左右的历史高位;而未被列入 S&P-GSCI 或者 DJ-UBSCI 的各类大宗商品收益
率之间的相关系数则涨幅较小。

(三)商品期货与金融类资产收益率之间的相关性上升

早期的大量研究均发现商品期货与股票、债券等金融类资产之间存在低相关性,
甚至负相关性。但近年来的数据显示,商品类资产与金融类资产之间的相关系数明
显上升。

第二节　大宗商品金融化的动因和影响

一、大宗商品金融化的动因

(一)投资组合的多样化

越来越多的投资者投资商品期货市场是为了投资组合的多样化。按照金融投资组合理论,在组合中加入更多的负相关资产,可以在有效降低风险的同时获取定量的收益。因此,市场中诸多投资者开始在投资组合中加入商品资产。其中就包含了商品期货和商品期权,甚至一些私募基金在投资中还加入了商品现货资产。

知识点讲解

(二)抵御通货膨胀

大宗商品还具有很好的抵御通货膨胀的特性。大宗商品如能源和农产品在计算商品价格水平时占有很大的权重,而商品期货价格很大程度上反映现货商品价格水平,因此商品期货的收益与通货膨胀有正相关关系。此外,商品期货价格反映的是现货商品的预期变化,其涨跌与预期通货膨胀的偏离程度较为一致,因此在考虑长期的资产配置时,商品的配置就显得非常有必要。

(三)对冲美元汇率

投资商品期货还能提供一个对冲美元汇率的机会,当美元贬值时,以美元计价的商品价格具有上涨趋势。由于商品价格是由货币衡量的,因此从总体上来说,商品价格和美元有较小的相关性,然而世界货币基金组织 2008 年的一份报告指出这种相关性确实存在,并且是反向的。

(四)规避商品贸易风险

大宗商品现货贸易过程中最大的风险源自市场价格变动,如今大宗商品贸易量极大,贸易杠杆率高,这导致仅仅是微弱的市场价格变动也会带来贸易商的巨大收益和巨大亏损。为了规避市场价格波动风险,提升贸易收益水平,大宗商品贸易需要期货市场对冲风险,商品贸易的繁荣也要求有对应的金融市场进行风险转移。

(五)套利的需要

对于很多机构投资者来说,套利机会应该是他们投资商品期货市场的主要原因。相对于其他市场而言,商品期货市场存在很大的套利机会,如:由期货和现货不同定价时段的不同交易者行为衍生出来的周期性套利机会;基于品种交易机制、保证金改变以及监管政策导致的投资者行为变化衍生出来的周期性套利机会;由商品指数变

动衍生的套利机会;等等。

(六)免受突发经济事件带来的不利影响

商品投资能保护投资者免受突发经济事件带来的不利影响。自 2004 年以来,大量的研究文献表明,从长期历史数据分析来看,作为一项战略配置资产,商品期货具有许多独特的特点和好处。

二、大宗商品金融化的外在因素

(一)低利率政策和宽松货币环境

低利率和全球范围内的宽松的货币环境刺激大宗商品的交易量不断上涨。大宗商品不仅提供了投资组合的多样性,而且能帮助投资者抵御通货膨胀带来的风险。低利率政策增加了市场上对可储存商品的需求或者说通过 3 种渠道降低了可储存商品的供给:一是当预期大宗商品未来价值会上涨时,低利率政策会减少实物提取的动机;二是低利率政策会增加企业以低成本持有库存的动机;三是低利率政策会鼓励投资者为追求高投资收益由投资债券转向投资现货合约。宽松的货币环境更进一步地刺激了在大宗商品市场中追求高收益的投资行为。

(二)新型金融产品的广泛运用和新的机构投资者的加入

随着金融创新的不断发展,近年来不断涌现出许多新型的金融产品,如场外交易互换合约、多头指数基金、商品交易所交易基金和其他结构性产品。这些新兴的金融产品鼓励更多的金融机构和投资者更方便地投资商品市场。

随着这些新型商品交易产品的产生,新的机构投资者——商品指数投资者也加入商品期货市场,并成为其中的重要力量。从 21 世纪头几年开始,国际商品指数有了长足的发展,并产生了商品交易所交易基金这一创新的交易产品,商品指数基金开始吸引大规模的投资资金,尤其吸引那些想在商品期货中有所收益的养老基金和大学捐赠基金。商品指数投资者的投资目标是在一段时间内通过持有多头头寸追踪商品指数的趋势,大型的商品指数投资者主要是通过互换交易商获得商品头寸的。这些都在客观上促进了商品期货市场金融化的进程。

(三)商品期货交易机制的完善

商品期货市场金融化的一个关键因素是商品期货市场基础设施和交易机制的不断完善。如在商品期货交易中引入电子交易,从而减少了交易成本并加快了交易处理速度,同时也有利于新的投资策略和投资方式的发展,如算法交易、高频交易等。国际期货和衍生品市场方兴未艾的并购浪潮,使数量上不断趋少、规模上不断扩大的跨国金融交易所平台不断涌现。种种经济运行环境的深刻变化不仅使得期货市场在广度上不断扩展,而且使投资者能够 24 小时全天候参与全球的资源配置。

三、大宗商品金融化的影响

(一)增加了整个市场的流动性

尽管带来了很多争议,但是大宗商品的金融化带来了大量的金融资本,从而增加了整个市场的流动性。现货市场的套期保值需求是期货市场存在的基础,而充分的流动性则是期货市场价格发现、风险规避和套期保值功能实现的需要。在商品期货市场上,流动性依赖于投资者的广泛参与,参与的投资者越多,市场的流动性也就越强。原有主动投资者的增长和新型被动投资者的加入,带来了巨量金融资本的涌入,大大增强了商品期货市场的流动性。商品市场的金融化改变了市场中的力量格局。机构投资者凭借其强大的资金实力、敏锐的市场嗅觉、专业的投资技术,以及"羊群效应"的广泛影响,成为商品期货市场的主要力量。尽管大宗商品金融化在市场功能和市场稳定性方面还存在争议,但是不可否认大宗商品金融化带来的金融资本对商品价格、市场结构和市场功能有着重要的影响。

(二)对商品期货与金融期货的跨市场监管提出更高的要求

大宗商品市场的金融化对商品期货与金融期货的跨市场监管提出更高的要求。交易主体的同质性使得资金、信息在商品市场与金融市场之间的流动及传播更加频繁和快捷,这要求商品市场与金融市场的监管层要建立及时、有效的信息沟通渠道与联合反应机制,提高市场的透明度,在保证市场流动性的同时,抑制市场操纵行为。

第三节 大宗商品金融服务主体与金融服务的内容

一、大宗商品金融服务主体

大宗商品金融服务主体是指为大宗商品贸易的参与者提供金融服务的企业或机构,主要包括商业银行、保险公司、担保公司、第三方支付结算公司、供应链企业等。完成电子交易模式下的金融服务还需要大宗商品贸易市场以及仓储物流公司等企业的配合,需要相关监管机构对金融服务的内容进行管理。

知识点讲解

(一)商业银行

商业银行是大宗商品贸易金融服务的主要提供者,为交易参与方提供资金支付结算、交易融资等服务,并且需要对交易资金进行管理,保障资金安全。商业银行与大宗商品电子交易线上对接,交易商可以通过平台在线上直接完成支付活动;同时对于需要进行融资的交易方,银行与交易市场、仓储物流企业合作,提供相应的融资服务产品,由于电子交易与传统线下交易存在的差别,银行为满足交易商的融资需求,也在不断地创新金融产品和服务方式。

(二)保险公司

保险公司是通过与被保险对象签订合约,为其提供风险保障的企业,是商务活动中主要的参与者。在大宗商品贸易的过程中,保险范围包括对货物自身质量的保险、对货款清偿的保险。在交易过程中,除了货物本身需要进行投保外,对短期的贸易信用风险同样可以进行投保,以保障到期货款的清偿。短期的贸易信用保险主要是在赊销的时候需要用到,通过对此投保,避免到期未收回货款导致的损失。

(三)担保公司

在大宗商品的贸易融资中,担保公司作为增信机构为融资的借款人做担保,并收取相应的服务费用。担保公司分为融资性担保公司和非融资性担保公司。根据《融资性担保公司管理暂行办法》的规定,融资性担保公司是指担保人与银行业金融机构等债权人约定,当被担保人不履行对债权人负有的融资性债务时,由担保人依法承担合同约定的担保责任的公司。融资性担保公司是指依法设立,经营融资性担保业务的有限责任公司和股份有限公司。融资性担保公司的业务范围包括贷款担保、票据承兑担保、贸易融资担保、项目融资担保、信用证担保及其他融资性担保。在大宗商品贸易过程中,有些融资需求需要担保公司与银行合作完成,融资性担保公司也是大宗商品贸易金融服务中重要的参与者。

(四)第三方支付结算公司

在以小额商品交易为主的地方支付结算公司快速发展的同时,大宗商品交易领域也相继成立针对大宗商品的第三方支付结算公司。第三方支付结算公司将大宗商品贸易中的支付结算环节与交易市场独立出来,更有利于对交易资金进行管理和控制。例如"国付宝"推出"G商银通",与20余家银行合作,为大宗商品贸易提供资金监管、大额支付等服务;2014年3月,"甬易支付"推出的"甬易宝"与浙江塑料城网上交易市场对接并完成了第一笔订单支付,成为浙江第一家为大宗商品贸易提供支付结算服务的第三方支付平台。

(五)供应链企业

由于银行等传统金融系统不能直接进行大宗商品贸易,因此在大宗商品贸易过程中银行只能提供资金支持,相应的由资金衍生出的大宗商品贸易则需由供应链企业完成。

供应链企业一方面在行业中承担着中间商的角色,另一方面在金融与实体商业活动中充当着中间人角色。大宗商品供应链企业的壮大为大宗商品交易市场的繁荣提供了基本保障。

实践案例

鹏源供应链基于区块链数字仓单的供应链金融业务成功开展

历时近2个月的工作推进,鹏源供应链协同中化集团旗下子公司中化能源科技有限公司66云链事业部、恒丰银行、港鑫东方仓库,基于商品贸易链路,探索仓单融资新解决方案并取得阶段性进展。项目通过66云链区块链数字仓单平台,由宁波港鑫东方开立数字仓单,并提交仓单质押申请,经过在线审核、质押登记等流程,鹏源供应链向恒丰银行发起融资申请,并于当日获得了恒丰银行920万元的流动资金贷款。

该项工作的推进,解决了周转期较长化工品在传统的仓单质押融资业务场景中存在的仓单重复质押、虚假仓单、质押物监管漏洞、质押物流质等风险问题。银行端通过66云链的技术优势,依托"强认货、弱认人"的新型信任机制,掌握货物真实的交易和交付情况,做到在产业的运营中满足真实需求,掌握精准节奏,透明监管途径,真正建立了银行、仓储、供应链三方之间的透明信用体系。

二、大宗商品金融服务的内容

在大宗商品贸易中,金融服务商包括商业银行、担保公司、保险公司等,它们共同为交易企业提供金融服务,从而保证交易的正常运转。各类角色在交易过程中承担不同的职责,主要的金融服务内容包括资金的支付结算、资金的融通等。在实现这些服务的过程中,要保证资金的安全,需要对各个环节进行管理。金融服务的内容十分丰富,在本教材中,金融服务的重点放在商业银行提供的服务上。

(一)大宗商品贸易支付结算服务内容

在商品交易过程中,存在信息流、商流、资金流、物流,这"四流"是商务活动必不可少的组成部分。信息流在整个过程中双向流动;商流是资金流与物流发生流动的基础;资金流与物流做反方向流动,即物流由卖方流向买方,资金流由买方流向卖方。在大宗商品贸易中,资金流量一般较大,需要更安全的支付通道,较零售小商品而言,对金融机构所提供的服务提出了更高的要求。

大宗商品贸易通过网上交易平台进行,电子化的手段可以提高交易效率、降低交易成本。支付结算是交易过程中必不可少的环节,因此要求支付结算也通过网络实现。在大宗商品电子交易模式下,交易商在大宗商品电子交易平台上进行交易,银行通过与交易平台合作为交易商提供在线的支付结算服务。通常,银行会通过自身的对外平台与电子交易平台进行对接,交易商在交易平台上便可以完成支付结算。

交易市场在支付结算方面的职责包括按照国家相关法律法规建立交易结算的制

度,按照结算制度为交易商提供交易结算服务,对交易结算账表进行管理,处理交易商结算过程中的纠纷,协助银行办理结算资金的划转,按照交易规则对交易商资金进行管理,监控交易过程中可能出现的结算风险,等等。与交易市场合作的结算银行需要在交易市场的协助下准确安全地划转交易资金,对交易资金进行存管,建立安全的账户管理体系,保证交易资金的安全,对交易市场与交易所的商业秘密负有保密责任,等等。

随着电子交易平台的发展,专业大宗商品贸易第三方支付结算公司的出现,使得交易结算服务逐步从交易平台中分离出来,通过交易与结算的分离更好地保证交易资金的安全。第三方支付结算平台通过与交易平台、银行相对接,满足大额支付的要求,为大宗商品贸易提供支付结算及相关的管理服务。

(二)大宗商品贸易融资服务内容

大宗商品电子交易的融资服务是指以交易市场的交易商为服务对象,商业银行与交易市场或者第三方支付结算公司共同合作,为交易商及其交易对象企业提供资金融通的服务,从而解决交易资金不足的问题。

银行的贸易融资服务产品包括应收账款类融资产品、预付款类融资产品和存货类融资产品等。随着供应链中企业的合作日益增多,企业间的利益也结合得更加紧密。银行的融资产品也在创新和发展,由原先与供应链各企业毫无关联,转为为供应链中的核心企业及其上下游企业提供全面进入服务。从供应链的角度发展是银行创新产品的关键之一。

大宗商品电子交易市场上提供的在线融资产品包括预付款融资、应收账款融资、仓单质押融资、订单质押融资产品,以及交易市场根据自身情况支持的其他融资产品。

在交易市场上众多交易商均属于中小企业,交易融资难成为严重约束其发展的因素之一。中小企业资金少,规模小,管理水平相对落后,抗风险能力较弱。在融资过程中,中小企业缺乏充足的抵押物,信用级别较低,难以取得银行贷款。在资本市场上,中小企业也较难获得融资机会。大宗商品贸易市场与金融机构合作,通过交易市场对交易流程的管控,使得银行可以不断创新金融产品,为交易商提供融资服务,促进贸易活动的顺利进行。

(三)大宗商品贸易的资金管理内容

大宗商品贸易中的资金管理主要指在交易、交收与结算的电子交易核心运营流程中,根据交收办法及合同执行情况,资金管理主体为会员提供资金监管、账户管理、支付结算、跨行清算、账户维护、多账户查询、凭证查询等多种服务,从而严格保证合同双方的权利与义务,保障交易的顺利完成。

大宗商品电子交易资金管理服务主要指在电子商务交易过程中为账户设立、资金划转、身份认证、支付结算、信息查询等提供的一系列服务活动。

账户设立：交易双方资金账户的建立、维护与管理。

资金划转：包括从银行账户到电子商务交易平台资金账户的入金服务，从电子商务交易平台资金账户到银行账户的出金服务，以及保证金支付等。

身份认证：交易双方身份认证服务，确认支付指令为合法用户的授权操作，保险交易商的资金安全。提供登录密码设置、动态口令卡、密钥保护等防范支付安全风险的服务。

支付结算：买卖双方订单成交、交易达成后的资金支付与交易结算服务，在服务过程中通常采取一定的措施防范信用安全风险，保护买卖双方的利益，如第三方支付的信用担保服务，以买卖双方之外的第三方为信用中介防范交易信用风险。

信息查询：对资金账户信息、交易信息、电子商务交易平台会员信息等提供的查询、管理服务。

 课后思考题

(1)什么是大宗商品金融化？它有哪些表现？

(2)为什么大宗商品会有金融化的表现？

(3)请论述大宗商品金融化的影响。

(4)大宗商品贸易金融服务主体有哪些机构？

(5)大宗商品贸易金融服务包括哪些内容？

(6)在"互联网＋"时代，互联网金融对大宗商品贸易有什么影响？

课后习题讲解

第三章　大宗商品贸易支付结算

导入案例讲解

导入案例

在场外大宗商品市场兴起的早期,大约 2007 年,以浦发银行为代表的中小银行就已经开始探索为此类电子交易平台提供金融服务。由于一些平台交易金额巨大,产生了大量的沉淀资金和支付结算需求,因此需要引入银行等金融机构进行支付和结算。2012 年起,全国各地涌现出形形色色的交易所,这些场所多以白银、原油等大宗商品为交易标的,违背市场原则开设对赌电子盘,导致大量投资者爆仓亏损。

许多违规电子交易场所都声称与银行签署了战略合作,委托银行提供第三方存管和资金监管服务,为投资者提供交易资金安全保障。但事实上,银行并未向平台提供第三方资金存管服务,大部分银行所做的仅仅是根据平台的指令提供资金结转服务,而未参与实际资金交易结算过程。这些违规交易所的行为使得我国大宗商品贸易市场一度出现低迷甚至恐慌的情绪,使得真实的大宗商品贸易受到了损害,同时也使得国内数以万计的投资者严重受损。基于此,2017 年 1 月 9 日,清理整顿各类交易场所部际联席会议第三次会议在北京召开,要求银行、第三方支付机构停止为违规交易所提供支付结算服务。至此,大宗商品电子盘交易逐步淡出市场。

案例思考

大宗商品支付结算业务应该如何合规开展? 大宗商品电子盘交易极易造成违规的原因是什么?

第一节　大宗商品贸易结算服务

一、大宗商品结算概述

(一)结算的概念

结算亦称货币结算,是在商品经济条件下,各经济单位间由商品交易、劳务供应和资金调拨等经济活动引起的货币收付行为。

但随着经济交往的发展,银行办理结算业务并不仅仅局限于货币收付,有一部分非货币收付也属于银行结算业务的范畴,如保函。银行在办理保函业务时并不一定有货币收付,它仅仅是银行的书面担保,只是文件。

知识点讲解

(二)结算的种类

1.现金结算

现金结算即直接以现金进行支付。在现金结算中,买卖双方同时在场,交货与付款是在同一时间、同一场所进行的,交易双方一手交钱,一手交货,交易可以当面两清,手续也较简便。

2.转账结算

转账结算即通过银行将款项从付款单位账户划转入收款单位账户。在银行办理的货币收付总额中,转账结算约占95%以上,是货币结算的主要形式。转账结算交货与付款在时间上不一致,往往是先发货再通过银行付款,买卖双方并不同时在场,而且交易情况多种多样,对结算的条件有不同的要求,因此转账结算要制订多种结算方式,对付款的时间、地点、条件和交易双方的责任做出不同的规定。转账结算的方式有托收承付、委托收款、汇兑、信用证结算、限额结算、转账支票结算、付款委托书结算等。

二、结算的产生与发展

结算是随着贸易的发展而产生和延伸的。纵观结算的发展过程,其经历了四大变革,即从现金结算到非现金结算、从直接结算到转账结算、从"凭货付款"到"凭单付款"、从人工结算到电子结算。

(一)从现金结算到非现金结算

早期的结算是现金交易。如我国古代的海上贸易,除了直接的以货易货交易外,还长期使用金银等贵金属进行交换和清算。但这种现金结算具有很大的局限性：

（1）风险大。如自然灾害、劫持、盗窃等，会带来现金损失。

（2）费用高。为了减少可能存在的盗窃或遗失风险，运输费用会更高昂。

（3）运期长。造成资金长期占压，不利于资金周转。

14—15 世纪，资本主义萌芽。到了 15 世纪末 16 世纪初，随着资本主义的发展和国际贸易的扩大，区域性的国际商品市场逐渐形成。上述通过运送金银来偿债的方式不能适应当时贸易发展的需要，于是就出现了以商业票据来结算债权债务的方式。

（二）从商人间的直接结算到以银行为中介的转账结算

18 世纪 60 年代，银行网络逐渐覆盖全球，银行成了国内外结算的中心。至此，买卖双方间的债权债务的清偿均委托银行办理结算，从而使买卖双方集中精力开展贸易，货款结算则完全通过银行办理。银行办理结算业务有其优势：

（1）网络遍及全球，开展业务有其独特的条件、先进的手段，为进出口双方服务。

（2）资金雄厚，信用卓著，部分银行拥有主权信用背书，这是进出口商无法比拟的。

（3）所有不同种货币、不同期限外汇票据，都通过银行买卖转让，可使大量的债权债务关系在最大限度内加以抵消，这样大大地节省了费用和利息的支出；进出口商就不必自找对象来清算，而将所有的信用工具通过银行代为办理。

（三）从"凭货付款"到"凭单付款"

原始的结算，卖方一手交货，买方一手交钱，钱货两清，通常称为"现金交货"方式。当贸易商与运输商有了分工以后，卖方将货物交给运输商，由运输商承运至买方，并将货物收据交给买方，买方向运输商取货。随着海上运输规模继续扩大，简单的货物收据发展为比较完善的海运提单。提单有物权单据的性质，把货物单据化了。交单等于交货，持单等于持有货物的所有权。海运提单因此成为可以流通转让的单据，便于转让给银行持有，让银行凭此向买方索取货款，或当作质押品，以获得银行资金融通。

商品买卖合同中，卖方履行合同的义务——按期、按质、按量地发运货物；买方履行合同的义务——接收货物，按期如数支付货款。为了表示履约，卖方交来货物运输单，以其签发日期来证明按期发货；提交商检局签发的品质证书来证明按质发货；以商检局签发的数量证书来证明按量发货。

货物单据化、履约证书化为银行办理国际结算创造了一个良好条件，只需凭与审核相符的单据付款，不凭货物或设备付款，这就使不熟悉商品专门知识的银行能够介入买卖之间，凭单垫款给卖方，再凭单向买方索取货款归垫。

(四)从人工结算到电子结算

1.主要清算系统简介

目前,世界上已有四大电子清算系统 CHIPS、CHAPS、SWIFT 和 TARGET 来办理国际结算中的资金调拨。

(1)CHIPS(Clearing House Interbank Payment System)是美国银行收付系统的简称。这个系统不仅是纽约市的清算系统,也是国际美元收付的电脑网络中心。由纽约的美国银行以及设在纽约的外国银行组成。每天世界各地的美元清算最后都要直接或间接地通过该系统处理。它处理的金额数目大,工作效率相当高。

(2)CHAPS(Clearing House Automated Payment System)是英国伦敦银行自动收付系统的简称。该系统不仅是英国伦敦同城的清算交换中心,也是国际英镑清算中心。但一般的银行不能直接参加交换,需要先通过少数的清算中心集中进行,所以在数量上及设备上,与 CHIPS 相比均较为逊色。

(3)SWIFT(Society for Worldwide Interbank Financial Telecommunication)是环球银行间金融电信协会的缩写,简称环银电协。它是一个国际银行同业间非营利性的国际合作组织。总部设在比利时首都布鲁塞尔。SWIFT 于 1973 年成立,1977 年正式启用,由欧洲和北美的一些大银行发起,目的是应对日益增多的国际银行业务。该系统有十几种语言,全天候地向世界各地提供快捷、标准化、自动化的通信服务,具有安全可靠、高速度、低费用等特点。SWIFT 在全世界拥有会员国 197 个,会员银行7000 多家,基地设在荷兰、中国、英国和美国,现已成为世界上最大的金融清算与通信组织。国内同业中,中国银行于 1983 年 2 月率先加入 SWIFT,之后,我国的各国有商业银行及上海和深圳的证券交易所,也先后加入 SWIFT。

(4)TARGET(Trans-European Automated Real Time Gross Settlement Express Transfer System)是欧洲间实时全额自动清算系统的简称。1995 年 5 月,欧洲货币当局为保证欧元的启动及贯彻实施欧洲中央银行体系的单一货币政策,保证在任何情况下都能在当天进行大额资金的收付,在德国的法兰克福建立了一个跨国界的欧元支付清算系统。1999 年 1 月 1 日正式启动。它保证了欧元清算的及时有效,对欧洲中央银行实施货币政策具有重要的作用。

2.电子单据——EDI 无纸结算的使用

电子数据交换(Electronic Data Intercharge,EDI),是一种主要应用于国际贸易领域的电子商务技术,是伴随着现代信息技术的发展而产生和发展的。EDI 就是运用一定标准将数据和信息规范化和格式化,通过计算机网络将文件从一个企业输到另一个企业,以实现无纸贸易。

EDI 是指以计算机网络为依托,通过 EDI 网络中心,将与国际贸易有关的工厂、公司、海关、航运、商检、银行和保险等单位相连接,用户可以通过公用数据网连接到

EDI 中心,然后把要传的单证,如产地证申报单、进出口报检单、进口报关单等传到 EDI 中心,EDI 中心就会把这些单证相应地传到商检、海关等相关单位,还可以将银行审单的结果传送给客户,从而大大加快了贸易的速度。

EDI 为国际贸易和国际结算带来了巨大的经济效益和社会效益,美国在 20 世纪 60 年代末期开始应用 EDI。澳大利亚、日本和新加坡等国也纷纷在 20 世纪 90 年代初期宣布,所有的商户首选交易方式为 EDI,不采用 EDI 的商户的业务将推迟或不予办理。

三、大宗商品结算的现代特征

大宗商品结算的规模和范围越来越大。随着当今世界经济一体化的发展,大宗商品贸易量不断提升,大宗商品结算的业务量也不断提升。

(1)大宗商品结算与信贷融资密不可分。在当今贸易日趋激烈的竞争中,企业迫切需要金融业提供贸易融资和风险控制方面的业务,贸易融资业务就是响应了这种时代的呼唤而迅速发展起来的。且与结算相融合,使得银行更好地发挥信用保证和资金融通的作用,同时创造出更多更新的融资结算方式。保理就是其中之一,这一结算方式在英国、法国、意大利、日本等国盛行。

(2)国际担保融入国际结算。20 世纪 60 年代以来,由于国际贸易内容变化,国际担保被普遍用于国际结算,成为一种非常灵活的国际结算方式,如保函、备用信用证等。

(3)政策性金融支持伴随着国际结算。在世界市场和国际贸易的激烈竞争中,各国政府纷纷利用政策性金融手段支持本国出口商开拓国际市场,除了传统的优惠贷款方式等之外,其中最典型的是出口信贷和出口信贷担保——政府支持出口融资的重要工具;出口信用保险——为出口结算收汇保驾护航。目前世界上大多数国家都成立了自己的出口信贷机构,在信贷方式上也出现了卖方信贷、买方信贷、福费廷等出口信贷新方式。

结算方式不断创新。在过去卖方市场条件下,信用证结算方式很盛行,是国际贸易中最主要的结算方式,这种情形一直持续到 20 世纪 70 年代初期。之后,卖方市场向买方市场转变,非信用证等传统的融资结算方式所占比重越来越大,约占国际年进出口总额的 60% 以上。而且越是发达国家,这个比例就越高,如在欧盟各成员国之间的贸易中,这个比例高达 80%。

第二节　大宗商品贸易结算服务产品

一、商业银行支付结算服务产品

(一)转账服务

资金划转是银行为其签约客户提供的转账功能,以实现企业签约之后向该银行或他行的签约企业及个人进行单笔或批量收款转账。如中国工商银行的"即时通",运用现代计算机技术和通信网络,为企业客户提供资金异地通存通兑服务。

知识点讲解

网上转账的方式还包括单笔付款、单笔收款、批量付款、批量收款等。

单笔付款是指客户办理账户资金对外单笔付款的业务。客户选择付款账户,并自由录入收款方账户信息或通过常用收款账户选择收款账号后单笔提交转账交易。

单笔收款是指付款账户是该单位的授权账户,收款账户是该单位的签约账户,由收款单位直接对账户进行操作,完成转账交易的业务。

批量付款指客户办理账户资金对外批量付款的业务。

批量收款可将客户网银签约账户及授权账户中的款项根据自由定义的收款条件,批量归集到某一签约账户下,实现企业客户的内部资金归集管理。

(二)支票服务

支票服务主要功能包括(在线)实时支付、(在线)确定是否空头支票、(在线)鉴别支票密码。如中国工商银行的"支票直通车"产品特点包括以下几个方面。

(1)立即扣划款项,避免空头支票。利用银行免费向客户提供的支票受理终端实时掌握转账支票的真实有效性,立即扣划购物(消费)单位的银行账户存款。

(2)当时销售商品,加速商品周转。在扣划完购物款项后,可安全、放心地让购物单位即时提走商品,减少了库存占压,加速了商品周转。

(3)灵活结算方式,扩大客户范围。客户如果是餐饮、消费企业,尽可大胆、放心地接待用转账支票进行消费的客户,扩大了客户范围。

(4)结算手段先进,吸引更多客户。此项业务具有可即时提走商品或可即时消费的特点,得到了广大消费单位的青睐。

(5)跨越地域限制,面向异地销售。开展此业务后,可直接受理非本城市(地区)消费者的转账支票而确保万无一失。

(三)银行本票

银行本票是申请人将款项交存到银行,由银行签发的承诺自己在见票时无条件支付确定的金额给收款人或者持票人的票据。银行本票按照其金额是否固定可分为定额和不定额两种。不定额银行本票是指凭证上金额栏是空白的,签发时根据实际需要填写金额(起点金额为 100 元),并用压数机压印金额的银行本票;定额银行本票是指凭证上预先印有固定面额的银行本票。定额银行本票面额为 1000 元、5000 元、10000 元和 50000 元,其提示付款期限自出票日起最长不得超过 2 个月。银行本票,见票即付,不予挂失,当场抵用,付款保证程度高。

同一票据交换区域内的各种款项支付均可使用银行本票。银行本票见票即付。申请人或收款人为单位的,不得申请签发现金银行本票。申请人因银行本票超过提示付款期限或其他原因要求退款时,应将银行本票提交到出票银行,申请人为单位的,应出具该单位的证明;申请人为个人的,应出具本人的身份证。

(四)商业汇票

商业汇票是出票人签发的,委托付款人在指定日期无条件支付确定的金额给收款人或者持票人的票据。商业汇票分为商业承兑汇票和银行承兑汇票。商业承兑汇票由银行以外的付款人承兑(付款人为承兑人),银行承兑汇票由银行承兑。

电子商业汇票(简称"电子票据")是出票人以数据电文形式制作的,委托付款人在指定日期无条件支付确定的金额给收款人或者持票人的票据。

与传统的纸质商业汇票相比,电子商业汇票有以下优势。

(1)安全:使用经过安全认证的电子数据流和可靠的电子签名,能够杜绝假票和克隆票;以数据电文形式存储在系统中,无保管纸质票据的风险隐患;以网络传输替代人工传递,消除纸质票据携带和转让的风险。

(2)便捷:以计算机设备录入替代人工书写,以网络传输替代人工传递,省时省力;可实时查询,票据流转全程被票据权利人实时掌控;以电子签名代替实体签章,可足不出户签发电子商业汇票。

(3)经济:票据背书、交付均在系统上操作,瞬时流转,节省时间投入和费用支出;通过电子渠道进行质押、贴现,资金瞬间到账,无须查询;不需人工保管,自动提示托收。

(4)期限长:传统的纸质商业汇票的付款期限自出票日起最长不超过 6 个月,而电子商业汇票付款期限延长至 1 年,可以作为融资手段代替相当一部分的短息流动资金贷款。

(五)委托收款和托收承付

委托收款是指收款人委托银行向付款人收取款项的结算方式。单位或个人凭已承兑的商业汇票(含商业承兑汇票和银行承兑汇票)、国内信用证、储蓄委托收款(存单)、债券等付款人债务证明办理款项结算的,均可使用委托收款结算。委托收款结算在同城、异地都可以办理,没有起点金额和最高限额。

收款人办理委托收款应填写委托收款凭证并签章。将委托收款凭证和有关的债务证明一起提交给收款人开户行,委托银行向付款人收款;收款人开户行审查委托收款凭证和有关的债务证明是否符合有关规定。审核无误,将委托收款凭证和有关的债务证明寄交付款人开户行办理委托收款。收款人开户行通知付款人,根据付款人反馈及其账户金额是否足以支付,做出相应处理。

托收承付是指根据购销合同由收款人发货后委托银行向异地购货单位收取货款,购货单位根据合同对单或对证验货后,向银行承诺付款的一种结算方式。分为托收和承付两个环节,收款人按照签订的购销合同发货后,委托银行办理托收;付款人开户银行收到托收凭证及其附件后,应当及时通知付款人承付货款。

办理托收承付结算的款项,必须是商品交易,以及因商品交易而产生的劳务供应的款项。代销、寄销、赊销商品的款项,不得办理托收承付结算。

二、银商通道支付服务产品

(一)集中式银商转账业务

集中式银商转账业务(简称"银商转账业务")是指为大宗交易市场及其交易商提供的交易结算、资金划拨等服务。大宗交易市场与中国工商银行系统连接,交易商通过工商银行或交易市场提供的多种渠道发出资金划转指令,实现交易商银行结算账户与交易市场专用存款账户间资金实时划转。工行银商转账系统为交易商提供交易市场信息维护、银商转账关系维护、资金转账、账户余额查询、业务收费、日终对账等功能。

银转商又称入金,是指交易商发起的将银行结算账户中的资金转账至交易市场专用存款账户,同时交易市场自动更新交易会员的资金账户余额的行为。商转银又称出金,指发起的将存放在交易市场专用存款账户中的资金转账至银行结算账户,同时交易市场自动更新会员资金账户余额,工商银行系统自动更新管理账户信息的行为。

交易商必须在工行开立银行结算账户用于办理银商转账业务,账户的开立和使用必须符合人民币银行结算账户管理有关法律法规的规定。交易商银行结算账户必须在交易市场备案,不允许有透支行为。支持使用理财金卡、牡丹灵通卡、e时代卡、活期存折办理。银商转账的交易时间受交易市场规定的交易时间和该市场系统在工行系统中签到时间的双重约束,即在交易市场规定的交易时间内且交易市场系统在工行系统成功签到之后、签退之前,客户方可正常发起银商转账交易。

集中式银商转账业务特点包括以下几点。

（1）资金双向划转。商品交易市场专用结算账户与会员银行结算账户间的资金可以双向划转，交易市场端资金账户（台账）实时反映。

（2）多元化服务渠道。无论是法人还是个人交易会员，均提供柜面和网银双重交易渠道；同时，系统还支持商品交易市场端的发起渠道，供交易会员自由选择。

（3）独特的网银功能。可以通过工商银行独有的网上签约功能，进行协议签订；可以实时进行交易查询、出入金管理。

（4）全国联网。即使会员与商品交易市场不在同一城市，也可在会员银行结算账户所在地工行网点申请开通银商转账。凭借工行广泛的网点覆盖，可实现全国范围内的交易。

（5）异地转账实时到账。凭借工行发达的银行结算网络、先进的技术平台和快捷的电子汇划系统，异地资金划转瞬间到账，手续简便，节省成本，可以大大提高交易资金的使用效率。

（6）交易规则设置。交易会员的出金交易须经交易市场审核同意后才能实现，在具备时效性的同时提升安全性，最大限度地确保资金安全。另外，可根据交易市场的需求，设定交易单笔转出限额、当日累计转出限额与比例等。对于不符合规则的转账交易，可向交易市场提供专门报表供其确认。

（7）资金封闭运行。银商转账服务对交易市场专用结算账户进行封闭管理，除交易手续费外，交易市场专用结算账户不得向其他账户划转资金，从而让交易会员放心，吸引更多交易商加入市场。

（8）每日"双向对账"。每日交易结束后，银行系统将会员管理账户余额汇总，与交易市场专用结算账户余额进行核对（总分核对），同时，对会员管理账户余额与交易市场会员资金台账余额进行核对（分分核对），双向对账，实现账户精准记录，确保交易准确、顺畅。

（二）第三方支付服务产品

除集中式银商转账以外，随着电子支付的发展，中国人民银行在 2013 年颁发了一批第三方网络支付凭条，其中宁波"甬易大宗"和天津"融宝"就属于该类产品。该类产品实现了在第三方平台中的实时划拨，类似于个人使用的支付宝支付。

针对大宗商品贸易行业支付金额大、资金安全性要求高等特点，支付平台进行整合性打造，为即期现货交易、现货中远期交易等各类大宗商品贸易提供专业解决方案。同时，严谨的风控机制、严格的审核体系，能够保证交易市场在线交易资金安全，通过为交易市场提供统一的支付接口，帮助交易市场降低运营和维护成本。

第三方支付服务产品的特点包括以下几点。

（1）具有大宗商品贸易的丰富经验及交易支撑。第三方支付的控股公司往往具有丰富的大宗商品贸易的经验，拥有较大体量的电子商务平台。平台提供交易服务、物流服务、融资服务和信息服务,从而打造产业链完整的工业领域大宗商品电子商务综合服务体系。

(2)降低交易的财务成本。第三方支付支持单笔大额资金的即时支付,按单笔交易收取固定的、较低的手续费用,能够为用户大大节省财务费用,尤其适合涉及大宗商品贸易的企业。

(3)确保资金的安全管理。根据中国人民银行对支付公司的要求,所有客户的交易资金都必须存放于独立的、唯一的商业银行监管账户中。对于商户准入,按照中国人民银行的规定,对商户身份材料和资质证明文件进行严格审查,确保商家低风险、高资质,保证客户交易安全。对于交易监控,须依据金融级安全规则监控全部交易行为,降低交易中的支付风险,保障结算和货物交收的安全性。

(4)支付便捷,效率提升。第三方支付提供覆盖 B2B、B2C 等的多种支付方式,提供安全、便捷的收付款与结算服务,提供全程电子化服务,大额资金实时到账,促进整体业务效率提升。

第三节　支付结算服务的管理规则

通过大宗商品贸易市场进行支付结算,根据《大宗商品电子交易规范》,各交易市场对交易商、结算银行、市场自身,以及支付结算过程提出了管理要求。

知识点讲解

一、对结算服务参与主体的要求

(一)对结算银行的要求

结算银行由电子交易中心统一认定,主要功能是协助电子交易中心结算、划拨资金。

结算银行应符合以下条件。

(1)是全国性的商业银行,在全国各主要城市设有分支机构和营业网点。

(2)拥有先进、快速的异地资金划拨手段。

(3)电子交易中心认为应具备的其他条件。

符合以上条件,并经电子交易中心同意成为结算银行后,结算银行与电子交易中心应签订相应协议,明确双方的权利和义务,以规范相关业务手续。结算银行的主要职责包括以下几点。

(1)开设电子交易中心专用结算账户和交易商专用资金账户。

(2)向电子交易中心和交易商吸收存款、发放贷款。

（3）了解交易商在电子交易中心的资信情况。

（4）根据电子交易中心提供的票据优先划转交易商的资金。

（5）在电子交易中心出现重大风险时，协助电子交易中心化解风险。

（6）保守电子交易中心和交易商的商业秘密。

（二）对交易市场结算部门的要求

交易市场自身设有负责结算服务的部门或机构，同样在相关的管理细则中详细规定了该部门的职责，从而保证交易市场的结算程序符合规定。结算部门负责交易市场商品电子交易的统一结算、结算风险的防范。

结算部门或机构的主要职责有：

（1）对交易会员的订货款进行结算，控制结算风险。

（2）对交易会员的交易结果进行结算，汇总、统计、分析、报告结算数据。

（3）审核、办理交易会员之间资金往来汇划业务。

（4）统计、登记和报告交易结算情况，为交易商提供各种结算统计报表。

（5）为会员单位和客户提供数据查询和数据核实的服务。

（6）管理存货凭证等重要结算票证。

（7）按规定管理风险准备金。

（8）跟踪问题数据的处理过程，直至处理完毕。

（9）处理交易会员之间的纠纷，监督结算银行与交易市场的结算业务。

有些交易市场的结算细则对结算交收人员的职责也做出了明确的规定，如：

（1）获取交易市场提供的结算数据，并及时核对。

（2）办理权利凭证的交存与提取手续。

（3）办理实物交收手续。

（4）办理其他结算、交收业务。

二、对结算过程的管理

对日常结算过程的管理，包括结算账户的管理，制定与结算相关的风险管理制度等。电子交易中心应在各结算银行开设一个专用结算账户，用于存放交易商的保证金及相关款项。

电子交易中心对交易商存入电子交易中心专用结算账户的保证金实行分账管理，为每一交易商设立明细账户，按日序时登记核算每一交易商卖出和买入的交易保证金，电子交易中心根据交易商当日成交合同数量，按合同规定的标准计收交易手续费。电子交易中心与交易商之间交易业务的资金往来结算通过电子交易中心专用结算账户和交易商专用资金账户办理。

交易市场一般均设立了与结算相关的管理制度，包括保证金制度、每日无负债结算制度、结算与出入金管理制度等。

(一)保证金制度

保证金制度是指在交易中,交易商必须按照其所订立合同价值的一定比例缴纳保证金,作为其履行合同约定的履约承诺,市场视价格变动确定是否需要追加。保证金是交易商确保履行合同而向对方做出的履约承诺,其额度标准按国家相关法律法规执行,市场在此基础上为加强风险控制管理,有权对保证金收费标准做适当调整,有权对某一或全部合同的买方或卖方单方面或双方面提高保证金,并提前予以公告。

多数市场现行保证金额度不少于合同标的总额的20%。当会员保证金余额低于约定份额后,市场会向会员发出追加保证金的通知,待保证金补齐后方可正常交易。若在规定期限内未补足保证金,市场有权对该会员所持的任一合同进行转让。若交易商出现交收违约行为,单方违约按一定比例扣除违约金,划入履约方交易资金账户;双方违约按一定比例扣除违约双方的违约金,划入交易所风险准备金账户。

交易市场实现交易保证金制度,往往会涉及不同的保证金,主要的保证金类型包括以下几类。

(1)交易保证金:买卖双方成交后,交易市场按照合同价值的一定比例收取的保证金。

(2)交割保证金:交易市场向卖方收取的用于保证交割业务顺利履行的保证金。

(3)履约保证金:在集中交割日临近前,交易市场为合约的履行而提高保证金标准所收取的保证金。

如舟山大宗商品贸易所对各类保证金的规定如下:

(1)电子交易合同签订时,买卖双方须按照规定缴纳订货金额20%的交易保证金。

(2)合同集中交割日(含)前第十个交易日,买卖双方交易保证金比例提高至50%,卖方已经提交注册仓单的,不追加保证金。

(3)合同集中交割日(含)前第五个交易日,买卖双方交易保证金比例提高至80%,卖方已经提交注册仓单的,不追加保证金。

(4)合同集中交割日当天收市,买方交易需付足全额货款及所需费用,卖方需提交注册仓单,否则视为违约。

(二)每日无负债结算制度

每日无负债结算制度是指每日交易结束后,电子交易中心根据交易商达成的买卖合同,按当日结算价结算盈亏、交易保证金、手续费、税金等费用,对应收应付的款项实行净额一次划转,相应增加或减少交易商的结算准备金。

交易商资金余额不足,交易市场向交易商发出追加资金的通知,交易商需要按照交易市场的规定补足资金数额(补足时间一般为下一个交易日开市后30分钟内),否则交易市场有权对交易商持有的电子交易合同进行代为转让，直至补足所欠款项；当交易商出现浮动盈利时，根据交易市场的规定，该部分盈利可以作为之后的交易保证金。

（三）结算与出入金管理制度

市场在银行开设交易商保证金专用账户，用于代收代付或暂存暂付交易商进行电子交易所发生的各项费用，并按交易商编号实行分户管理。市场对交易商保证金以及货款实行分户管理，为每一交易商设立明细账户，按日序时登记核算每一交易商出入资金、盈亏、保证金、手续费等明细变动情况。根据用户相关规定，交易商在办理出金业务时，款项去向必须与入款来源名称一致。

当交易出现交易量或订货量急剧增加等异常情况，可能导致风险时，为更好地维护交易商合法权益，在认为有必要的情况下，市场有权对部分或全部持有订货的交易商暂停办理资金划出。

 课后思考题

（1）大宗商品贸易支付的主要服务模式有哪几种？分别说明其功能及主要特点。

（2）请举例说明为大宗商品贸易提供第三方支付服务的平台，并说明其运作模式及主要特点。你认为目前这类第三方支付服务平台还存在什么问题？

（3）大宗商品结算服务参与主体有哪些？对结算过程应怎样进行管理？

课后习题讲解

第四章　大宗商品贸易融资活动

导入案例

辽宁省高级人民法院曾公布过一起贷款诈骗案,被告人用锌冒充银,分别向阜新银行和兴业银行质押贷款,共骗取 2.75 亿元的银行承兑汇票,造成两家银行损失近 1.4 亿元。

导入案例讲解

根据裁判文书,2013 年 10 月至 2014 年 4 月,刘某某作为宏辉公司的法定代表人,与杜某某二人以宏辉公司名义,以事先购买的35193.5 千克锌锭冒充银锭做质押,骗取阜新银行沈阳分行沈北支行的贷款并获得总额 1.6 亿元的银行承兑汇票。其后,刘、杜二人通过李某某将汇票贴现后,归还所欠李某某的欠款及利息等,致该行实际损失 8000 万元。

2013 年 12 月至 2014 年 6 月,刘某某与杜某某以宏辉公司名义,以事先购买的29273 千克锌锭冒充银锭做质押,骗取兴业银行沈阳分行的贷款并获得总额 1.153 亿元的银行承兑汇票,致该行实际损失 5765 万元。

案例思考

请查阅相关的裁判文书,了解事件详细过程,并从自身角度思考,假如你是银行信贷员或者支行行长,你应该如何防范此类事件发生。

第一节　大宗商品贸易融资概述

一、贸易融资与大宗贸易融资

贸易融资是商业银行的重要业务。是指在商品交易中,银行运用融资工具,基于商品交易(如原油、金属、谷物等)中的存货、预付款、应收账款等资产的融资。贸易融资中的借款人,除了商品销售收入可作为还款来源外,没有其他生产经营活动,在资产负债表上没有实质的资产,没有独立的还款能力。在传统的贸易融资中商业银行主要考虑

知识点讲解

企业的行业地位、财务状况和担保方式,从财务、市场等角度对主体企业进行信用评级,是基于财务报表的主体企业授信,针对单一的贸易环节进行的融资。传统贸易融资方式主要有:融通票据、打包放款、出口押汇、进口押汇、国际保理、福费廷等。而大宗商品贸易相较于传统贸易而言具有特殊性,传统贸易融资方式并不完全适用,因此,本教材对此不做深入探讨。

大宗商品贸易融资有广义和狭义两种概念。广义上是指商业银行为参与大宗商品交易方提供满足贸易过程中各种资金需求的融资产品,它涵盖大宗商品贸易融资的各个方面,是最为全面的概念。狭义上即专门指结构性商品贸易融资或结构性商品融资安排。它不是某种具体的融资产品,而是根据客户的特点、交易对手、贸易条件等因素,综合性地运用各类融资工具、利率安排、资讯服务后打造的个性化服务方案。一般而言,结构性贸易融资涉及货权质押、质物监管、信托收据、套期保值、资金专管等服务。

二、结构性贸易融资的起源与发展

结构性贸易融资起源于西方工业发达国家。最初用于金额较大的自然资源和大宗商品,如有色金属、石油等的交易。由于进口方还款的第一来源主要是货物出售后的现金流,这一时间差以及贸易涉及的金额大等原因决定了进口方在交割货物的时候无法全额支付,需要进行融资。当进口商无法或不愿在资本市场上进行融资时就出现了结构性贸易融资。这一新型的融资方式解决了外向型企业因难以落实担保单位、缺乏不动产做贷款抵押而导致的融资难题。另外,为了给更多的企业创造出口机会,特别是为了帮助企业向新兴市场销售大宗原材料,工业发达国家逐步完善了结构性贸易融资方法体系。

目前,大宗商品结构性贸易融资主要运用在大宗商品贸易中,银行或相关金融机构根据生产贸易企业的具体融资需求,把贸易过程中所有的环节都串起来,通过货权质押、信托、收据、保险及公证、货物监管、提货通知、货物回购、资金专户管理、期货保值等一系列融资工具,按不同的方式组合,进行结构化设计来掌握货权、监控资金,为企业提供集物流、信息流、资金流于一体的个性化、综合化的组合贸易融资方式。该组合方式取决于交易本身的复杂程度和借款人要达到的目的。

和传统大宗商品贸易融资相比,大宗商品融资的结构化特征是为了"补偿借款人欠佳的资信水平"。对于可以在期货交易所开展交易的大宗商品,银行还可以通过期货合约来规避融资风险,将结构性贸易融资和期货交易有机地结合起来,这也是银行和期货交易所之间需要共同开拓的新型融资领域。对于不可以在期货交易所开展交易的大宗商品甚至是普通商品,金融机构同样可以使用结构性贸易融资,只不过银行无法通过期货市场来分散风险。结构性贸易融资本身并不限定商品的种类。国际上以大宗商品贸易融资业务出名的几家商业银行,如法国巴黎银行、荷兰银行,其结构性贸易融资产品均已相当成熟,在结构性贸易融资方面大都积累了丰富的经验,并且这些商业银行都将结构性贸易融资视为提高银行利润率和竞争力的有效手段。在国内由于银行经营范围的限定以及结构性贸易融资相对不成熟,银行大多以间接方式参与贸易企业融资,主要以银行对供应链企业授信的方式支持产业贸易顺利进行。

三、大宗商品结构性贸易融资特点

(一)实现货物和资金封闭式运作

在结构性贸易融资中,银行要么"控货"(控制货物的物权凭证),要么"控钱"(与客户签署银行账户质押及监管协议,约定与融资相关的款项收付均应通过该银行进行,并且只有在银行收到相应款项后才释放对应的货物或物权凭证,简称"放货")。通过监控货物和资金的封闭式运作,有效地控制了进出口商的资金和信用风险,并加深了银行和客户及其上下游企业间的合作关系,同时与仓储公司、物流公司、保险公司、船运公司保持良好的关系,从而促进业务的开展。

(二)"自偿性"融资

这主要表现在结构性贸易融资的第一还款来源是贸易活动产生的未来现金流,其放款商业银行设计的授信条件是与特定具体的贸易活动相联系、相匹配的,授信额度、融资期限与销售收入产生的现金流在贸易金额和交易时长上相吻合。随着贸易的进行,放款商业银行从结算收回的资金中扣还放款本息。因此,从还款金额和还款时间上保证了贸易项下放款的回收,是一种"自偿性"融资。在出口项下,银行可直接控制结算项下资金的回收,并根据与客户的协定直接扣收放款本息。一些信用证下的融资,例如背对背信用证等,还会有来自另一银行即主证开证行的担保。因此,相对于一般的流动资金贷款,结构性贸易融资在还款来源、保证方式、有效监管等方面都更有保障。此外,由于结构性贸易融资业务以交易货物的货权为抵押,与不具备货权保障的打包贷款、承兑交单下的出口托收押汇等贸易融资方式相比更为安全,更能满足商业银行对授信安全性的要求。

(三)动产融资

动产融资一般是指商业银行以其持有的大宗商品贸易或生产企业动产(包括商品和原材料等)为抵押权或质押权的标的,向其提供的一种短期资金融通活动。动产融资可以根据不同的标准而划分为不同的种类。如:以质押对象为依据,可以分为现货质押、未来货权质押和标准仓单质押;以占有方式为标准,又可以分为静态质押、动态质押、固定抵押和浮动抵押等形式。动产融资是大宗商品最为常见,也是最基础的贸易融资形式,具有安全性高、流动性强等特点。此种融资的最大优点在于不仅突破了银行传统担保方式的束缚,而且可以盘活企业的存货,帮助企业减少流动资金占用,提高资金使用效率,从而有助于企业扩大规模,赚取更高利润。

(四)锁定汇率风险

企业通过结构性贸易融资提前获得外汇资金办理结汇,可有效地规避汇率波动带来的风险,锁定企业利润。这点对面临人民币升值压力的出口型企业来说尤为重要。

(五)为企业提供了融资新思路

在商业银行传统贷款方式中,商业银行关注的是企业的资产规模、行业地位、财务报表、有无担保和抵押。而在结构性贸易融资的模式中,商业银行更加关注出口项目本身的贸易背景是否真实、能否有效控制资金流或物流,以及经营者的品质能力;由主体准入为基础的风险控制理念转变为基于流程控制或在把握主体的同时控制资金流、物流的风险控制理念。

四、结构性贸易融资对企业及银行的意义

(一)对融资企业的意义

对于融资企业来说,流动资金将不再成为融资的必要和唯一的基础保证,银行可以根据企业的信用等级划分来提供减免保证金的信用证。就这点来说,企业的流动资金使用效率将大为提高,不仅为扩大生产规模和经营范围提供了资金保障,而且为企业在贸易过程中拓展整体资本运作和资金规模创造了条件,在减轻资金占用压力的同时,为企业的进一步发展提供可能,这也是对融资企业来说最喜闻乐见的益处。

(二)对银行的重要意义

一方面,对于银行而言,获得更多的业务收入是其开展业务的先决条件,而大宗商品结构性贸易融资不仅在形式上为银行带来了出众的国际结算业务量和贸易融资业务量,也在实质上成为银行业务获利的巨大份额。银行的利润主要来源于利息收益,因此融资量的增大也带来更多的资金流动,意味着更多的融资利息收益。另一方面,结构性贸易融资以信用为基础的创新担保模式改变了银行融资的原有基准点,为那些不具备足够流动资金的融资企业提供了融资契机,增强了银行贸易融资业务的竞争力。另外,大宗商品结构性贸易融资引入了第三方监管,以银行为主导的全面监管模式使银行与贸易企业、上下游客户及监管第三方拥有更多的合作机会,提高银行的圈内知名度,实现银企双赢。

五、结构性贸易融资风险

新《巴塞尔协议》和全面风险管理理论为大宗商品国际贸易融资风险管理指明了方向。根据新《巴塞尔协议》对商业银行风险的分类,参考大宗商品国际贸易融资的特性,大宗商品国际贸易融资风险也可分为三类:

(一)信用风险

按照新《巴塞尔协议》,信用风险是债务人不能履行合同规定全部义务,给债权人造成经济损失的风险,一般包括违约风险、价格风险和结算风险。大宗商品国际贸易融资的信用风险是大宗商品国际贸易融资的债务人因各种原因,不愿或无力按期偿还贷款,致使商业银行遭受损失的可能性。一般信用风险可划分为客户违约风险、国家风险和银行信用风险三种类型。

(1)客户违约风险。商业银行大宗商品国际贸易融资的首要风险就是客户违约风险。大宗商品国际贸易融资能否正常收汇取决于客户未来的销售货款能否正常回笼,企业整体的经营实力和财务状况也很重要。

(2)国家风险。由于大宗商品国际贸易融资涉及国内外两个市场,因此国内融资方的境外对手国的国家风险也是商业银行面临的主要风险之一。在大宗商品国际贸易中,由于主观恶意或者客观原因,如境外对手国政治、经济、环境等发生较大变动等情况,交易对手不履行合同约定,不能及时付款或发货,将导致国内融资方在银行的贷款产生违约风险。

(3)银行信用风险。在大宗商品国际贸易融资业务中,信用证是一种主要的融资手段和方式。在信用证结算方式下,大宗商品融资银行可能会面临开证银行的信用风险,如开证银行由于信誉等级低、经营不善而破产倒闭等,信用证到期后不能及时付款,形成风险。

(二)市场风险

新《巴塞尔协议》把市场风险定义为"由于市场价格的变动所造成的资产负债表内外资产头寸损失的风险"。具体在大宗商品国际贸易融资过程中,市场风险是指因利率、汇率、商品价格及国家政策变化而发生的巨幅波动,使贷款人经营不善甚至出现亏损,无力偿还银行贷款,使银行发生损失的各类风险。市场风险一般不会单独出现,而是和其他两类风险共同爆发导致风险事件的发生,一般包括利率风险、汇率风险和价格波动风险。

利率风险是指大宗商品融资企业因市场利率的波动导致融资成本的上升,企业不能到期偿还贷款而给商业银行造成损失的风险。如在融资期间内,市场利率的大幅飙升导致企业还款压力增大而发生违约。

汇率风险是指大宗商品融资企业由于借贷货币的汇率波动使利润下降或还款成本上升,无力履约而给商业银行造成损失的可能性。如美元贷款中美元大幅升值,贷款到期购汇时使企业隐形成本上升带来的风险。

价格波动风险是指大宗商品在融资期内价格下降,给商业银行造成损失的可能性。如大宗商品价格大幅下降,企业在银行质押商品的实际价值发生大幅贬值,导致企业无力偿还银行贷款等情况。对各种模式的大宗商品国际贸易融资来说,市场风险无处不在、无时不在。

(三)操作风险

操作风险被定义为:由于内部程序、人员、系统的不完善或失误,或外部事件造成直接或间接损失的风险。大宗商品国际贸易融资操作风险是指在大宗商品融资过程中由商业银行不完善或失灵的内部程序、人员、系统或外部事件造成损失的风险。具体表现为商业银行办理大宗商品国际贸易融资的能力有限,经办人员或操作人员水平经验不足,不能按照商业银行内控管理要求进行大宗商品融资的调查、审查、审议、审批及贷后管理,出现人为损失而产生的风险,此类为人员因素导致的操作风险。也包括银行系统失灵、外部欺诈或未能及时发现制止突发事件而引发的风险。

第二节 大宗商品结构性贸易融资主要产品种类

大宗商品结构性贸易融资是商业银行以大宗商品贸易作为融资对象,根据国际贸易双方的具体要求,用量体裁衣的方式,综合考虑各方面因素,采用各种手段,进行创造性设计、组合的通称。以下介绍几种与大宗商品贸易关系较为密切的结构性贸易融资产品。

知识点讲解

一、采购融资

采购融资是指采购合同签订的买方能在汇票结算方式下通过商业发票获得融资。在此种融资方式下,银行作为申请人向卖方支付全部或部分应付货款,申请人按照约定利率和期限还本付息。采购融资是目前结构性融资的重要类型,分为发货前融资模式和代采购融资模式,两者的区别在于银行是控制资金还是控制动产。发货前融资流程与代采购融资流程的对比情况如图 4-1 所示。

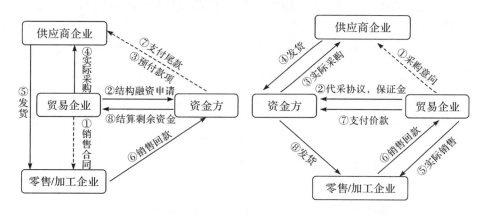

图 4-1 发货前融资流程(左)与代采购融资流程(右)的对比情况

(一)发货前融资模式

发货前融资模式是指银行在货物发运前根据企业需求向供应商或采购商提供的融资。具体流程说明如下。

①银行在客户授信额度内向供应商支付预付款。

②供应商在收到预付款后发货。

③款项到期后,银行向客户催收应收款。

发货前融资模式的优势在于,银行往往和供应商或者客户下游的企业有一定的业务联系,因此在实际的业务开展中,银行通过向供应商以及下游企业直接结算款项达到控制资金的目的,客户和银行间的结算额按银行实际收到的下游企业款项扣除手续费和利息后的余额来进行。

(二)代采购融资模式

代采购融资模式是指银行或者金融机构代企业进行相关的货物采购,采购完成后由银行掌控货权,通过收取企业回款再向下游企业放货的方式完成融资业务。在这类业务中,如果剩余货物的处置权是由上游企业回收的,则称为保兑仓模式。这一模式需要生产企业、经销商、仓储公司、银行四方签署保兑仓合作协议,经销商根据与生产企业签订的购销合同向银行缴纳一定比例的保证金,申请开立银行承兑汇票,专项用于向生产企业支付货款,由第三方仓储公司提供承兑担保。经销商以货物对第三方仓储公司提供反担保。代采购融资模式以掌握物权为基础,以贸易企业与上游供应商企业的买卖关系为条件,由贸易企业在缴纳一定比例的保证金后控制货权。具体流程说明如下。

①资金方与贸易企业客户签订供应链服务协议,明确代理采购融资业务的合作方式、采购事项、保证金比例、服务标准、提货时限、开户银行、银行结算账户等信息。

②资金方向贸易企业贷出全额货款,用于支付供应商企业货款,并取得货物在指定仓库的提单。

③贸易企业通过实际销售合同向下游企业(零售/加工)收取货款,在支付给资金方后,取得货物提单。由贸易企业或者下游企业根据提单去仓库提货。

二、背对背信用证融资

背对背信用证融资适用于如下的贸易方式:进口商需进口商品、寻找货源,而制造商或供应商则需要开拓市场、寻找客户。由于信息不对称,两者之间并不能直接通商或来往,故需请中间商介入,把进出口业务联系起来,中间商从中赚取利润。

背对背信用证融资适用于存在中间商的情况。为了保守商业秘密,赚取利润,中间商不愿将货源或商业渠道公开,故进口商与中间商签约进口所需货物,而后中间商再与出口商签约,推销其产品,这种贸易方式称"三方两份契约"方式。

(一)背对背信用证定义

背对背信用证也称背靠背信用证。当中间商向最终买方出售某种商品,收到最终买方银行开立的以中间商为受益人的信用证(以下称为主证)后,中间商银行作为该主证的通知行,以该信用证为担保,开立一份以实际卖方为受益人的新的信用证(以下称为子证)。当子证的受益人即实际卖方向中间商银行交来合格单据后,银行在履行付款责任的同时,将要求中间商替换发票、汇票等单据,并将替换后的合格单据提交主证开证行以获得付款。背对背信用证涉及的是两份相对独立的信用证。即在背对背信用证中,子证的开证行所承担的付款责任为一般开证行的责任,与主证并无关联,即无论主证的开证行是否付款,只要实际卖方交来的单证相符,子证的开证行都有付款的责任。由于整个交易涉及两份相对独立的信用证,在交易过程中,实际卖方和最终买方的情况将不会被对方得知,中间商可以放心地掌握与两者的关系并作为中间人在一买一卖中赚取贸易差价。

(二)背对背信用证融资的业务流程

背对背信用证融资的业务流程如图 4-2 所示。

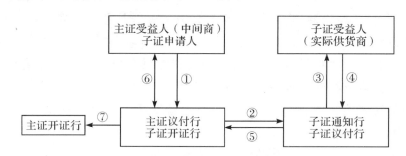

图 4-2　背对背信用证融资业务流程

具体流程说明如下。

①主证受益人申请开立子证。中间商在收到进口商申请开立的主证后,以该证做担保,要求其往来银行根据主证开立以其为申请人、以实际供货商为受益人的子证(背对背信用证)。

②开立子证。由于开立背对背信用证存在风险,因此子证开证行以主证做担保,作为开立新证的依据。

③通知子证。子证开立后,开证行可以电讯或信函方式通过受益人所在地银行通知该证给实际供货商。

④实际供货商发货并交单。实际供货商收证后,根据背对背信用证的条款备货装运。一般背对背信用证的装货期和有效期较短,实际供货商应当把握装货交单的期限,及时向背对背信用证的通知行交单议付。

⑤子证议付行向子证开证行寄单索偿。子证议付行审核单据无误后,议付实际

供货商并同时向子证的开证行寄单索偿。

⑥中间商换发票与汇票。背对背信用证的开证行收到单据后,要在审单付款的同时通知中间商换发票与汇票。中间商按主证另开立汇票与发票,以替换子证项下的汇票与发票。

⑦向主证的开证行寄单索偿。若子证的开证行就是主证的议付行,则其在发票替换后,将已议付的单据寄往原证的开证行索偿;若不是主证的议付行,则将主证项下的单据交议付行议付,由议付行向原证的开证行寄单索偿。

三、仓单融资

(一)定义及特点

1.定义

仓单融资又称为仓单质押融资,是结构性贸易融资的一种,指申请人(生产商或贸易商)将其拥有完全所有权的货物存放在商业银行指定的仓储公司,并将仓储方出具的仓单背书给银行进行质押,作为融资担保,银行依据质押仓单向申请人提供短期融资。在申请人归还贷款之后,银行解除对仓单的质押。如该生产商或贸易商不能在贷款期限内偿还贷款,银行有权在市场上拍卖抵押货物以补偿贷款的本金及利息。也可理解为企业将拥有未来现金流的特定资产剥离开来,设计合理结构,以该特定资产为标的而进行融资。

虽然生产商或贸易商的存货具有一定的价值,理论上也可以进行抵押,但是由于银行难以对存货进行有效的监管,同时缺乏对存货市场价值的准确评估,一般银行不愿意接受存货抵押借款的方式。这样,对于那些缺乏合适抵押品的中小企业,即使拥有大量的存货,也难以从银行获得贷款支持。仓单融资能有效地帮助企业解决此难题。

当企业无固定资产进行抵押,又寻找不到合适的单位进行担保时,可以自有的仓单进行质押向银行贷款。仓单融资还可缓解企业因库存商品过多而造成的短期流动资金不足的问题。进口仓单融资业务能为发生以下情况的企业提供较好的融资渠道:当生产商需要进口大宗原料并进行分批生产时,当贸易商在国外订有长期购货合同但国内需求量不足时,当国内售价太低货物待售时,或者当进口商需要批量采购和零散分销时,仓单融资均不失为一个好的选择。出口项下的仓单融资业务则有助于出口货物的提前变现,从而加快企业的资金周转。

仓单融资实质是一种存货抵押融资方式,即通过银行、仓储公司和企业的三方协议,引入专业仓储公司在融资过程中发挥监督保管抵押物、对抵押物进行价值评估或担保等作用,实现以企业存货仓单为质押的融资方式。

2.特点

仓单融资的主要特点是:

（1）仓单融资与特定的生产贸易活动相联系，是一种自偿性贷款，贷款随货物的销售实现而收回。与具有固定期限的流动资金贷款、抵押贷款相比，仓单融资具有周期短、安全性高、流动性强的特点。

（2）适用范围广。仓单融资不仅适用于商品流通领域，还适用于各种生产领域。当企业缺乏合适的固定资产做抵押，又难以找到合适的保证单位提供担保时，就可以利用自有存货的仓单作为质押物申请贷款。

（3）货物受限制程度低，对企业经营的影响较小。与固定资产抵押贷款不同，质押仓单项下货物受限制程度较低，货物允许周转，通常可以采取以银行存款置换仓单和以仓单置换仓单两种方式。

（4）仓单融资业务要求银行有较高的风险控制能力和操作技能。仓单融资中，抵押货物的管理和控制非常重要，由于银行一般不具有对实物商品的专业管理能力，就需要选择有实力、信誉高的专业仓储公司进行合作。同时，银行需要确认仓单是否是完全的货权凭证、银行在处理仓单时的合法地位、抵押物价值的评估等问题。

（二）仓单融资的操作方式

在仓单融资的融资过程中，交易货物的货权将首先转移给贷款银行，随着货物的出售和贷款的偿还，交易货物的货权和实物还将转移到最终买方。因此，在仓单融资业务中，抵押货物的管理与控制十分重要。这种监管一般由专业仓储公司负责。仓储公司先向借款人签发仓单，接着由借款人背书将仓单质押给银行。同时仓储公司承诺它以银行的名义占有并保管抵押货物，将保证抵押货物的完好与安全，并严格按照银行的指令行事。为加强这种保证，银行需要与借款人及仓储公司签订抵押物管理协议，委托仓储公司对货物进行监管。按照国际仓单融资的发展趋势，目前一些国际性仓储公司也开始提供货物在加工或生产期间的抵押监管服务，即对企业从原料采购到产成品销售的全过程向银行提供货物监管服务。

为了满足企业的需求，便利企业融资和经营，银行不断在仓单融资模式的基础上拓展新的融资模式。目前国内外金融机构的仓单融资模式主要有以下三种。

1.仓单质押贷款

生产商或贸易商把商品存储在仓储公司仓库中，仓储公司向银行提交企业交存货物的仓单，进行质押，银行根据仓单向申请人提供一定比例的贷款，仓储公司代为监管商品。开展仓单质押业务，既解决了借款人流动资金不足的难题，又降低了银行发放贷款的风险，保证贷款安全，还能增加仓储公司的仓库服务功能，增加货源，提高仓储公司的经济效益。

仓单质押贷款的主要流程如图4-3所示。

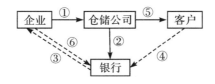

图 4-3　仓单质押贷款流程

具体流程说明如下。

①企业向银行提出贷款申请,按照银行要求把货物存放在银行指定的仓储公司。

②仓储公司向银行提交企业交存货物的仓单,进行质押,保证货物完好,并严格按照银行的指令行事。

③银行向企业发放贷款。

④企业实现货物的销售,购买方(客户)将货款汇入银行的企业账户。

⑤仓储公司根据银行的指令,向购买方移交货物。

⑥企业归还银行的贷款本息。

2.统一授信的担保模式

统一授信的担保模式是指银行根据仓储公司的规模、经营业绩、运营现状、资产负债比例以及信用程度等,把一定的贷款额度直接授权给仓储公司,再由仓储公司根据客户的条件、需求等进行质押贷款和最终清算。仓储公司向银行提供信用担保,并直接利用信贷额度向相关企业提供灵活的质押贷款业务。银行则基本上不参与质押贷款项目的具体运作。

统一授信的担保模式有利于企业便捷地获得融资,减少原先向银行申请质押贷款时的多个申请环节;同时也有利于银行充分利用仓储公司监管货物的管理经验,通过仓储公司的担保,强化银行对质押贷款全程监控的能力,更加灵活地开展质押贷款服务,降低贷款风险。

(三)仓单融资的作用

1.对融资企业的作用

(1)有效解决企业的资金问题。

通过以存货做抵押,解决了企业由于缺乏固定资产做抵押而融资难的问题,有助于企业获得银行贷款支持;存货资金的盘活,使企业的存货周转速度加快,有助于企业获取采购的主动权,同时能够使企业增加销售客户,扩大市场份额;存货资金的盘活,还能节约经营资金,企业通过融资活动,能够为后续经营奠定良好的基础。

(2)规避产品的价格风险。

众所周知,期货有着价格发现的功能。目前我国在粮食、有色金属等大宗商品上推出了期货产品,但仍有很多大宗商品还没有推出期货产品,而仓单融资业务恰恰可以起到类似的作用。比如,当一些企业预计成品油价将要上调,可以进行油品的仓储质押贷款。这就使他们在获得油价上涨收益的同时,避免了近期资金周转的不畅。

(3)有效解决了买卖双方的资金结点问题。

当市场不确定或者信息不对称时,买卖双方往往不敢贸然发放货物或货款。引入仓单融资之后,银行可以替买方向卖方预付货款,从而推动交易的顺利进行。这一过程也让仓储监管进一步延伸出中间过程监管、运输监管等环节。

2. 对仓储公司的作用

仓储公司通过与银行的合作协议,通过提供保管、监管、保证等服务,为生产企业或贸易公司获得银行融资提供了保证。通过仓单融资加深仓储公司与生产企业或贸易公司的业务合作关系,增加仓储公司的客户数量。

3. 对银行的作用

通过三方合作,解决了存货抵押监管难的问题,通过仓储公司的保管、保证,促进实现控制信贷风险的目标,扩大业务范围,增加客户规模。与信用融资相比,仓单融资有仓储公司负责监管,抵押物变现能力强,因此,信贷资金风险较低。银行在贷款收益之外,还可以获得包括结算、汇兑差价等中间业务收入。

第三节　大宗商品结构性贸易融资案例分析

大宗商品的结构性贸易融资并没有固定的格式和产品,它完全根据融资者的需求,根据真实的贸易背景,以及各环节的风险控制点,设计灵活、稳妥、可控的融资模式。本节根据几个真实案例来探讨结构性贸易融资的优势与不足,以及业务操作中应注意的问题。

知识点讲解

一、案例1:浮动仓单抵押融资

传统的标准仓单融资就是根据仓单上的货物数量以及银行给予的商品价格,得到固定金额的融资。但是大宗商品最大的特点就是价格波动大,随着市场价格的波动,抵押给银行的货物价值也会波动。如果货物价格在不断增长,那抵押给银行的货物价值也在增长,而贷款人在初期所得的融资金额与之对比,自然就偏低了。

(一)案例内容

A公司将100吨电解铜按现货价每吨58000元质押给银行B,得款项580万元。1个月后,电解铜价格走高,现货市场为每吨59900元,对于A公司来说,他质押给银行B的货物应得款为599万多元,但实际只得580万元,损失19万元。银行针对这种情况,开发了新的仓单融资模式——浮动抵押下的银团融资。这种新模式一般是由几家银行或者金融机构,组成一个银团,各银行及金融机构按照比例提供资金,并按比例承担相应风险,且在一定的时间周期内更新货物的价值,并按价值补充或索取相应融资资金。在这个例子中,银行 B 与仓储公司 C 签订相关协议,仓储公司 C 每周会向银行 B 提供 A 公司的库存报告,银行 B 按照市场价值核算仓库内的货物价值,并将计算所得与期初融资金额比较,如果货物价值超过借款金额,则额外提供资金给公司 A,补足差额。同理,若货物市场价值下跌,使得其市场价值低于借款金额,则会通知公司 A 补回相应差额。公司 A 与银行 B 签订浮动抵押下的银团融资,之后就收到银行 B 的 19 万元融资差额。

(二)分析

以上融资模式基于大宗商品价格波动大的特点,及时反映了货物的真实价值,根据融资人质押的货物,提供了最大范围的资金融通。当然在这种模式下,银行也要做好对价格的监控,在价格出现巨大波动时,要考虑到资金安全,适量给予融资款项。这种融资方式适合客户较长期的货物质押,摆脱了时间长、价格差异大所引起的质押损失,且无须出具仓单,只需将货物存放于银行指定仓库,就可以实现融资。这无疑更加灵活和便捷,所以为广大贸易公司所青睐。

二、案例 2:银团代采购融资

(一)案例内容

青海某有色金属公司是一家铜业加工公司,它向苏格兰皇家银行借款,为期 3 年,总金额 1.8 亿美元,为了分散风险,苏格兰皇家银行牵头,引入数家大型商业银行组成银团。中国银行青海分行成为该交易的监管行,更由知名金属公司 Sempra Metals 负责在伦敦金属交易所进行标的保值头寸监管。银团将资金通过苏格兰皇家银行贷给该青海有色金属公司,使其购买氧化铝,并将生产所得卖给买家,买家将支付的货款打入苏格兰皇家银行指定账户。

这个案例发生在 2007 年,案例中涉及的由苏格兰皇家银行开发的结构性贸易融资产品和服务,在当时是对传统贸易融资的重大创新。该笔结构性贸易融资以贸易合同为担保,无须固定资产抵押,并且,该笔融资利率低于国内当时的平均贷款利率。青海的这家有色金属公司通过这种具有突破性新概念的结构性贸易融资方案解决了海外融资需求问题。

(二)分析

这个成功的案例正是基于以客户的实际需求为首要服务目标而达成的。多样化的融资结构成为金融机构开拓市场、服务客户的重要突破口。

苏格兰皇家银行对目标客户的融资需求进行了详细分析,有针对性地提供相配套的结构性融资方案,尤其对目标客户的实际抗风险能力进行了评估和整体业务状况分析,选择了以目标客户贸易协议担保为基础的融资方案,相较传统融资方案,极大地减轻了需要固定资产做抵押的融资压力,另外,远低于同期国内金融机构借款利率的融资成本也成为此次融资操作中的亮点。

这样跨地区的多银行合作开创出银团贷款的新架构,通过第三方监管和国际交易数据共享等手段,在充分发挥各个参与方专长的情况下提高了银团风险控制的能力,并为目标客户提供了更加贴心、细致、合理的融资贷款服务。

以客户需求为目标的运作模式体现出了结构性贸易融资的强大运作力量和操作效益,成为本案例中非常值得借鉴的方面。

三、案例 3:产业链信用融资

(一)案例内容

生产商 A 公司向香港一家公司 H 购买氧化铝,但由于资金紧张,决定付款条件为远期,作为远期付款的互惠条件,A 公司同意将向 H 购得的氧化铝生产出的铝锭以优惠的价格销售给 H。H 为一贸易商,此时它也与另一公司 B 签订了铝锭的销售协议,H 公司很看重 A 公司给予的铝锭优惠价格,就一口答应了氧化铝的远期付款条件,这样,三方合同都签订完毕,开始执行。H 公司既然要先向 A 公司供应氧化铝,就立即向国外的氧化铝供应商购买氧化铝并立即安排运输至 A 公司。但是由于 H 公司与 A 公司签订合同的付款条件为远期,这代表 H 公司无法立即收取氧化铝的货款,他需要自行垫付购买氧化铝的货款,而在未来约定时期才可以收回此笔货款,这无疑占据了它的资金流。于是 H 公司考虑向银行贷款来支付购买氧化铝的货款,但作为贸易公司,没有固定资产可以抵押给银行,所以要贷一大笔资金,难度相当大。后来 H 公司咨询了渣打银行的融资专员,问是否可以给予相应的贸易融资,渣打银行了解完整个贸易流程后,决定给予 H 公司一个结构性融资计划。首先,渣打银行对 H 公司进行综合考察、分析,发现其经营正常,业务稳定增长,与国外客户 B 有长期稳定的交易记录,公司及股东个人的信用记录也都良好。同时 B 公司也是渣打银行的海外客户,渣打银行认为该公司具有良好的发展潜力。因此只要渣打银行对 H 公司的资金流进行有效监控,那该公司的融资风险便是可以控制的。于是渣打银行与 H 公司签订融资协议,将货款直接支付给氧化铝的供应商,A 公司收到氧化铝并进行生产后,将铝锭装运给 B 公司,B 公司将铝锭货款直接支付给 H 公司在渣打银行的收款监管账户,扣除当初用于购买氧化铝的货款及银行利息后,银行将剩余款项拨入 H 公司的一般结算账户。具体流程如图 4-4 所示。

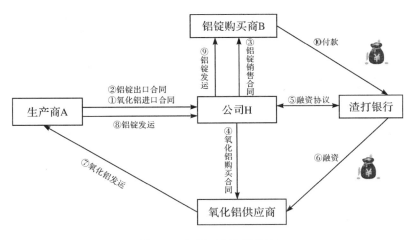

图 4-4　案例 3 融资结构图

(二)分析

这是一种比较经典的融资模式,银行更加关注项目本身的贸易背景是否真实、是否能够有效控制资金流或物流,以及经营者的品质能力。由主体准入为基础的风险控制理念转变为基于流程控制或在把握主体的同时控制资金流、物流的风险控制理念。在这里,现金流成了关注的重点,这种突破性的授信思路决定了企业应该以现金流作为还款来源而非传统的盈利。从这个角度来说,融资银行风险判断的关注焦点也相应地发生了改变,变得更加注重融资企业的履约能力、运作意愿、交易控制和市场评价。一旦融资企业具有了完成合同的各方面保障并能够获得全过程应收账款吸入,也就意味着企业在融资风险评价中能够获得更高的控制评价,为获得融资银行的授信奠定基础。

基于这些评估所得的结论,银行在对此交易的圆满完成充满信心的情况下,安排了这项融资。资金也有专项性,是提供给原材料的供应商,以保证整个贸易流程的推进,并且在各个销售环节都得到有效控制和评估。它并不针对直接的贷款人进行贷款,而是为了贸易的开展,从根源上保障了资金的流动性。这就是结构性贸易融资最大的优点:灵活、多样、可控、有针对性。

四、案例 4:进口货权融资

(一)案例内容

中国建设银行曾经为一家企业量身定制了一套进口融资方案:主要涉及的方面为进口开证+海外代付+保函+套期保值。

(1)企业支付 20% 的保证金,剩余 80% 的部分以企业拟进口的大豆货权作为质押物,以此开立进口信用证,当然在信用证单据和条款中,会要求第三方物流监管整个货物运输,并出具相应证明。

（2）货物到港后，银行、企业和监管方三方共同办理进口通关手续，同时，进口的标的物大豆就作为现货质押给银行，同时，银行为企业办理进口信用证海外代付。

（3）为了加快货物的通关速度，同时避免企业的关税资金占用，银行在货物到港后向海关开立关税保付保函，海关同意放行。

（4）在此融资模式下，银行以大豆的货权为质押物，但是大宗商品价格易波动，对于银行来说，质押物的价值波动会对其产生风险，所以银行会要求企业对该大豆进行套期保值，并实时对价格进行监控。

具体流程如图 4-5 所示。

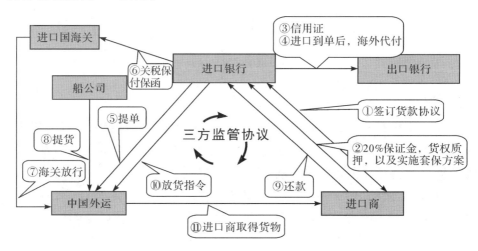

图 4-5　案例 4 融资结构图

（二）分析

中国建设银行在该融资模式中，相比以往的模式，又有了新的突破：它以物流监管来控制货权，以套期保值来规避价格风险，通过保函来加速通关，将未来的货权质押和现货质押完美地结合在一起，同时解决了不足额保证金开立信用证的风险敞口问题，为客户提供即期资金进行海外代付，远期客户回笼资金后偿还融资金额，释放货物。这样的操作，不仅解决了银行对未来货权的有效控制问题，还满足了客户的融资需求，并且贴心到连进口税金都包含在融资范围内，且提高了整个贸易的操作速度，从各方面规避了风险，实现了客户和银行的双赢。

五、案例 5：结构性库存融资

关于库存融资，国外有些更创新的做法，我们称之为结构性库存融资。其核心是将货物卖给银行，在未来某一时间有权回购此批货物，公司与银行签订相关协议，约定这笔购销以及将来的回购条款，类似一种期权。那么什么情况适用此类融资呢？它必须满足两个最基本的条件：一是这类货物可以在期货交易市场有效保值，二是银行对此类货物拥有牢固的货权。这样,银行才会愿意"购买"公司提供的货物,并且给予好价钱。我们参考以下的案例来了解这样的融资模式。

(一)案例内容

A 公司购买了 1000 吨电解铜,但没有找到合适的买家,而且该公司对于市场的预测是看跌,所以它一方面担心该批电解铜卖不出好价钱,另一方面又急于回笼资金,于是向银行申请了结构性库存融资,银行在审核此客户的信用情况以及货物的真实性后,接受了此项融资业务。A 公司将货物在伦敦金属交易所的标准仓单转至银行名下后,银行按照伦敦金属交易所铜 3 个月远期价格 8400 美元/吨计算所得货值,减去相应的融资成本以及一些手续费后,将 830 万美元支付给 A 公司,并且协议约定 3 个月后,A 公司有权以市场价格购回该 1000 吨电解铜。银行融资给 A 公司的同时,在伦敦金属交易所出售 1000 吨 3 个月远期合约,价格为 8400 美元/吨,以确保 3 个月后如果 A 公司不购回该批货物,银行可以仓单平仓。3 个月后,货物市场价格下跌至 8300 美元/吨,A 公司愿意以 8300 美元/吨购回此 1000 吨电解铜,则银行以 8300 美元/吨的现货价格平掉持有的 3 个月远期合约。在此笔交易中,银行不但获取了融资的利息,也在期货市场赚到了 10 万美元。当然,对于 A 公司来说,这次融资不但使现金流活动了起来,而且在价格上减少了损失。

(二)分析

这样的一笔融资其实已经不是一种简单的贷款,而可以被视作商业销售与购买交易。这种形式的结构性融资表面看起来并不是很复杂,但是为什么在国内我们还没有看到同类融资业务的影子呢?主要原因是中国的法律不允许中国商业银行经营此类业务。中国法律对商业银行的经营范围有明确规定,买卖货物并没有被列在商业银行可以经营的范围之内。

六、案例 6:浮动利率融资

对于借款人来说,除了资金能尽快到账外,可能关注更多的是融资成本,毕竟太高的融资成本对于借款人来说就是一大损失,虽然可以尽早使现金流灵活起来,但要拿巨大的利息损失做代价,也会让借款人迟疑。同理,对于银行来说,融资收益就是银行的利润,银行要筹措资金为借款人提供融资,不仅需要大量的成本,而且需要大量的劳动力进行核算、操作,如果没有足够的利润空间,银行也不愿意向借款人提供资金。所以,融资利率成了借款人和银行之间永久的博弈。

结构性利率贷款的诞生就是基于这样一个情况,该融资利率不是固定的,而是随着市场的价格变化,做相应调整,且调整的方向是有利于借款人相应的业务收益的。由此,借款人的融资成本和收益也就随行就市。该利率的制定除了与借款人的信用额度相对应外,还要参考该借款业务的标的物的市场价格敞口。

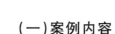

(一)案例内容

国外某银行在某年1月1日贷款300万美元给一个铝厂,该铝厂生产铝锭。贷款期限为1年,约定每个季度最后一个工作日为支付利息日,利率按照付息日当日的市场价格做相应调整,此时铝的价格为2500美元/吨。到3月31日时,铝的价格上升至2650美元/吨,贷款利率为LIBOR(伦敦同业拆借利率)+5%;到6月30日,铝的价格又下跌到2550美元/吨,贷款利率为LIBOR+4%;9月30日,铝的价格为2450美元/吨,贷款利率为LIBOR+3%;12月31日铝的价格为2400美元/吨,贷款利率为LIBOR+2%。对于该铝厂来说,市场价格上升,则产出的铝可以卖得的价格高,利润多,则贷款利率也相应较高;而随着市场价格下跌,所生产的铝卖出所得就相应减少,利润也相应减少,此时随着市场价格而调整的贷款利率给该铝厂减轻了不少的负担。

(二)分析

相信很多借款人都会倾向于这种贴心的贷款方式。然而这种方式在国内还只在计划中,因为国内的业务操作还不能满足这个融资方案的诞生条件。其中需要一个规模完善又比较专业的货物核价部门,计算货物的相应市场价格、波动比率,并计算资金成本,给予相应的贷款利率。同时,银行也要事先对市场有相应的评估及对资金成本的充分掌握。当然很多外资银行甚至一些中资银行正独立开设数据中心,以期建立一个相对独立和成熟的后台操作部门,以培养更优秀的业务人员,从而促进更完善的银行业务的开展。

 课后思考题

(1)什么是结构性贸易融资?大宗商品结构性贸易融资具有哪些特点?

(2)结构性贸易融资对交易企业及银行具有什么意义?

(3)请论述结构性贸易融资的风险。

(4)请论述我国大宗商品结构性贸易融资的现状。

(5)背对背信用证融资具有什么风险?应该如何控制?

(6)什么是仓单融资?如何操作仓单融资?

(7)请简述仓单融资存在的风险和控制办法。

(8)仓单融资对大宗商品交易双方以及银行有什么特别作用?

课后习题讲解

第五章　大宗商品金融风险管理

导入案例

2021年11月9日,鹏源供应链协同中化集团旗下子公司中化能源科技有限公司66云链事业部、恒丰银行、港鑫东方仓库,基于商品贸易链路,探索仓单融资新解决方案并取得阶段性进展,项目通过66云链区块链数字仓单平台,由宁波港鑫东方开立数字仓单,并提交仓单质押申请,经过在线审核、质押登记等流程,鹏源供应链向恒丰银行发起融资申请,并于当日获得了恒丰银行920万元的流动资金贷款。

导入案例讲解

这是鹏源供应链落地的首笔区块链数字仓单质押融资业务,也是恒丰银行落地的首笔区块链数字仓单质押放款业务,拉开了鹏源供应链与66云链在"深入产业场景,推进产业贸易数字化"领域深入合作的序幕。

案例思考

查阅相关资料,思考数字化在仓单融资风险控制中有何作用。鹏源供应链是如何通过数字仓单协调完成该业务的?

第一节　大宗商品金融的风险识别

风险识别是指在风险事故发生之前,人们运用各种方法系统地、连续地认识所面临的各种风险以及分析风险事故发生的潜在原因。在大宗商品贸易过程中,风险可以被分为外生风险与内生风险。

知识点讲解

一、外生风险

外生风险主要是指由于外部经济、金融、社会环境的改变从而引起资金循环迟缓等风险。外生风险的特点是不受企业运营影响,因此从风险处理的角度来说,要规避或者转移外生风险。

（一）市场风险

《商业银行市场风险管理指引》指出，市场风险是市场价格（利率、汇率、股票价格和商品价格）的不利变动造成商业银行表内和表外业务发生损失的风险。由于企业运营所在的市场发生意外或者各种变化，使得企业无法按原计划销售产品，从而给商业银行带来不能按时还款的风险。市场风险是根植于市场内在运作机制的风险。

市场风险包括利率风险、股票风险、汇率风险和商品风险。例如：市场利率、汇率的变动导致供应链上企业融资的成本上升；市场上新的替代品的出现，导致企业销售计划落空，以及资金链断裂。

融资的市场风险按融资模式不同考察不同的风险因素。主要的风险因素包括质押物的市场价格、融资对象的市场销售额、市场占有率、经销商的分销资质等。

融资的市场风险计量相对比较容易，可以量化到具体的指标。例如，对于质押物价格市场的风险，可以依据质押率考察初始保证金覆盖跌价产生的风险敞口的能力，设定一个价格跌幅比率，再参考当前的市场价格推算出现风险的预警价格，由此来计算质押物价格的市场风险。

（二）政策风险

政策风险是指因国家宏观政策（如货币政策、财政政策、行业政策、地区发展政策等）发生改变，导致市场价格波动而产生风险。在市场经济条件下，由于受价值规律和竞争机制的影响，各企业在争夺市场资源时，都希望获得更大的活动自由，其间可能会违反国家的有关政策，而国家政策对企业的行为具有强制约束力。另外，国家在不同时期可以根据宏观环境的变化而改变政策，这必然会影响到企业的经济利益。因此，国家与企业之间由于政策的存在和调整，在经济利益上产生矛盾，导致产生政策风险。

政策风险主要包括反向性政策风险和突变性政策风险。反向性政策风险是指市场在一定时期内，由于政策的导向与资产重组内在发展方向不一致而产生的风险。当资产重组运行状况与国家调整政策不相容时，会加大这种风险，各级政府之间出现的政策差异也会导致政策风险。突变性政策风险是指由于政策口径突然发生变化而给资产重组造成的风险。国内外政治经济形势的突变会加大企业资产重组的政策风险。

当国家经济政策发生变化时，很有可能会对企业的筹资、投资以及其他经营管理活动产生极大的影响，从而加大企业的经营风险。例如，国家产业结构调整时，国家往往会出台一系列关于产业结构调整的政策和措施，就会对一些产业产生约束，使企业原有的投资面临遭受损失的风险。

(三)法律风险

在大宗商品金融不断发展和法律不断完善的过程中,很多环节还存在种种漏洞。所谓法律风险,是指在使用金融产品及其衍生品进行组合授信时,相关合同对部分条款规定模糊,导致法律上的无效性。

另外,法律法规的调整、修订等也具有不确定性,有可能对企业运转产生负面影响。法律环境的变化有可能诱发企业经营风险,从而危及商业银行。

二、内生风险

内生风险主要是指由企业内部信息不对称引发的道德风险、逆向选择,或者是各相关成员之间不完全协作带来的一系列信用风险。内生风险往往伴随着企业生产和商业贸易的管理过程,因此在进行风险处理时主要采用的措施是预防风险事件发生、强化过程监管等,以减少风险发生概率;针对已经发生的风险事件及时补救,以缓解风险事件带来的二次损害。

(一)核心企业的道德风险

核心企业的竞争力较强,规模较大,在与上下游中小企业的议价谈判中处于强势地位,在经济交往中常做出一些有利于自己的行为,来实现自身效益的最大化。

企业融资的信用基础是企业整体管理程度以及核心企业的管理信用实力,所以随着融资工具向上下游延伸,风险也会相应地扩散。

在企业经济活动中,核心企业往往会在交货条件、价格、账期等贸易条件上对上下游中小企业要求苛刻。例如占用供应商大量的资金,导致其资金紧张,从而迫使供应商向银行融资以支持其自身的基本运营。但是当供应商获得银行贷款之后,资金紧张的状况得到缓解,核心企业就会丧失支付货款的积极性,这无疑将增加其他相关企业的不稳定性,从而带来风险。

(二)中小企业的信用风险

信用风险是指因借款人或交易对手违约而导致损失的可能性。信用风险是企业融资面对的首要风险。近年来,虽然中国的中小企业取得了长足的发展,但与大型企业相比,产业进入时间晚,其本身仍有许多不利于融资的因素,具体表现在:财务制度不健全,企业信息透明度差导致其资信不高,这造成了对贷款的信用风险进行度量的困难。

在整个金融服务过程中,银行更关注整个供应链上企业的交易风险,即便某个企业达不到银行某些标准,只要这个企业依托信誉好的大企业,银行就会淡化对这个企业本身的信用评价,并对这笔交易授信,尽量促成整个交易的实现。在这种情况下,一旦供应链中的某个成员出现融资问题,影响会很快蔓延到整条链条上,引起更大的金融灾难。

(三)银行的经营操作风险

银行的经营操作风险指由不完善或有问题的内部操作过程、人员、系统或外部事件导致的直接或间接损失的风险。损失包括所有与风险事件相联系的成本支出。

大宗商品金融将仓单甚至物流过程纳入质押对象,这就会牵涉对仓单和物流过程的定价评估问题。银行的经营操作风险涵盖了信用调查、模式设计、融资审批、出账和授信后管理与操作等业务流程环节上由于操作不规范或操作中出现道德风险所造成的损失。在实际操作中,国内的银行通常会将核心企业的信用放大 10%—20%,在质押物的安全保管等相关业务的操作上都可能存在一定的风险。

按照导致操作风险的因素不同,可以将银行的经营操作风险分为四类。

(1)人员因素导致的操作风险。

(2)流程因素导致的操作风险。

(3)系统因素导致的操作风险。

(4)外部事件导致的操作风险。

由于很多系统、流程上的漏洞经常在损失发生后才被注意到,所以银行可以根据操作风险分类框架,建立自己的操作风险目录,并且不断总结自身和其他银行的失误,对其进行更新。银行可以从大宗商品融资流程的每个环节,来分析是否具有上述四类因素导致的操作风险。

在信用调查阶段,操作风险主要是人员因素引起的。企业融资的授信主体的信用调查与传统流动资金贷款的主体信用调查差异较大,对银行客户经理的专业素质要求较高,因此客户经理的疏漏或错误判断可能导致信用调查不准确,从而产生风险。

在模式设计阶段,最主要的风险来自流程因素。包括文件信息传递不及时的业务流程上的问题,产品设计的控制流程无法保证授信支持资产同企业主体的信用隔离,流程过于复杂导致误操作概率增加,以及执行困难、环节遗漏造成对资产控制落空等,都有可能会导致银行出现损失。

在融资审批阶段,操作风险主要涉及人员风险、流程风险和系统风险。人员风险有内部欺诈、越权等主观行为造成的风险,也有人员业务能力不匹配等客观因素造成的风险。流程风险具体包括银行授信审批流程不合理、授权不恰当造成的内部控制体系问题,以及合同不完善、合同条款对银行不利或合同条款不受法律保护等。系统风险主要指用于后台风险管理支持的系统和模型没能有效地识别风险所导致的决策失误。

在出账和贷后管理阶段,操作风险相对集中,四类操作风险在这个环节都存在。主要表现有:监管人员失职、监管不力所造成的人员风险;换货提货、补充货源的流程设计不合理所造成的流程风险;预付和存货业务中,货物市场(期货市场、专业商品交易市场等）价格监控体系未能正确预警所导致的系统风险；货物运输、质押物仓储的突发事件引起的外部事件风险等。

（四）企业间信息场地的风险

供应链实质上是一种未签订协议的、松散的企业联盟，每个企业都是独立经营和管理的经济实体，当供应链规模日益扩大、结构日趋复杂时，供应链上产生错误信息的机会也随之增多。信息传递延迟将导致上下游企业之间沟通不充分，对产品的生产及客户的需求在理解上出现分歧，不能真正满足客户的需求。这种情况将可能给企业和商业银行传递一种不准确的信息，影响它们的判断，从而带来风险。

第二节　大宗商品金融活动的风险控制及建议

一、金融服务的风险控制

（一）市场风险控制

市场风险检测可以根据不同的计量指标采取不同的检测手段。以质押物风险为例，银行和企业须具备必要的专业人员和技术设备，与专业机构、专业市场及专业网站等市场信息提供者建立密切联系。盯市人员应每日跟踪和掌握各种质押物当天的市场行情，与出质时的价格进行对比，定期制作价格走势图。

知识点讲解

质押物出现跌价风险时，立即启动跌价补偿机制，要求借款人追加足额质押物或补足相应的保证金。如果借款人不能按约定对质押物的价格下跌进行补款或补货，则债权人有权宣布融资提前到期，并有权处置质押标的物。

（二）行业周期性风险控制

大宗商品企业整体运营与行业发展所处周期阶段高度相关。因此，针对行业周期性的风险控制措施应包括：

（1）拓宽行业范围，增加服务的宽泛度。

（2）加强行业组织以及行业限额的控制与整理。

（3）加强宏观行业走势的分析与管理，及时关注行业风险变迁，并通过拓宽投资政策及时引导企业融资项下业务的行业分布结构调整。

由于银行（或其他企业债权人）在提供融资服务的时候往往会结合行业整体运行特征设计专项差异组合，一旦该行业发生危机，就会给债权人带来损失，因此，应当着重加强对核心企业及供应链的整体把握。

（三）法律风险控制

大宗商品企业金融业务会涉及多方主体，如质押物所有权也在各个主体间进行流动，容易产生所有权纠纷。在某些领域尚没有相关的法律和行业性指导文件可以遵循。在企业进行贸易之初，可以本着平等互利的原则，通过协商、合作性谈判等形式订立各项契约。而在运营过程中，各个企业应严格遵照契约，保证信息的高度共享，提高协调性，并进一步完善相关的法律合同文件。要将企业间原有的关联交易转化为契约交易，尽量避免摩擦，将法律风险降至最低。

企业可以采取以下措施防范法律风险。

（1）进行现金流控制和结构授信安排，主要可以明晰交易结构。

（2）对用以支撑授信的企业经济政策进行评估，给予适量的授信安排。

（3）进行风险定价和条款约束，将逐渐标准化的金融授信合同与信用捆绑，保证货物监管、业务代理、资产处理等相关协议、声明书、通知书的主要内容统一。

（四）信用风险控制

道德风险是造成信用风险的重要因素，道德风险取决于借款人的心智模式，难以定量描述。进行信用风险评估，首先要对企业的经营状况进行评估。为减少主观判断失误，在对信用风险进行计量时可以采用结构化的方法，即使用结构化的分析过程和结构化的指标体系。

融资信用风险的管理分析，应考虑到商流、信息流、物流、资金流的运行特征，具体措施包括以下几个。

1. 客户准入体系

在选择核心企业时，要进行行业分析；要有明确的供应商、分销商的准入和退出制度；供应链成员可以享受核心企业提供的特殊优惠政策；核心企业对供应链成员应设定面向共同利益的奖励和惩罚措施。

2. 信用风险评级

信用风险评级包括债务人评级和债项结构评级。

要按照监管要求，建立内部评级体系。信用风险评级系统已逐渐成为商业银行测量及管理信用风险的一个越来越重要的手段。

3. 动产担保物权的选择

选择应收账款作为抵押质押物时，应符合以下几项要求：①可转让，即应收账款必须是依照法律和当事人约定允许转让的。②特定化，即应收账款的有关要素必须明确、具体和固定。③时效性，即应收账款必须尚未超过诉讼时效。④转让人具备相应资格，即提供应收账款的民事主体必须具备法律所承认的提供担保的资格。

选择存货作为抵押质押物时，应符合以下几项要求：①货权明晰，债权人在对货物进行处置时没有其他第三方主张权利。②价格稳定，价格剧烈波动的商品不宜作为抵押质押物。③流动性强,在客户违约的情况下,抵押质押物可以较为方便地处置。④易于保存,以减少抵押质押物价值损失的风险。

选择预付款作为抵押质押物时,应符合以下几项要求:①在途责任明晰,对于风险承担人以商业保险方式规避部分风险的情况,保险受益人应指定为银行(或债权人)。②上游的责任捆绑。

4.操作风险控制

操作风险的出现是有一定规律性的,在企业通过杠杆开展融资业务时,由于规章制度不完善、人员操作经验不足、管理上存在漏洞等因素,出现操作风险的概率较高;当业务开展和系统建设逐渐走上正轨时,规章制度会完善起来,人员的操作经验日渐丰富,管理者决策更成熟,这就使得操作风险发生的概率降低;当已有系统开始老化,现有市场环境发生改变时,原有的规章制度与系统已经不适应,人员也因运营环境和操作的熟练而产生麻痹意识,此时操作风险又将重新频繁出现。

企业在选择操作风险控制方法时一定要考虑成本与收益的匹配。常用的操作风险控制方法有:独立分工,提高人员素质,建立操作指引,不断完善产品业务流程,引用风险转移技术,等等。具体如下。

(1)独立分工。

在授信支持资产的审核与管理中,可以设立独立的授信支持资产管理部门,通过业务线的客户经理和授信支持产品人员的双重审核,来降低人员操作风险。对于循环贷款的产品,还应建立定期的审核制度,定期检查。

(2)提高人员素质。

在融资过程中,除了要培养工作人员的风险意识和职业道德,还要注重其能力的培养。信用审核中,重点培训授信评审人员评估企业间交易的真实性、正常性的能力,防范存货监控、票据辨别等环节的操作风险。

(3)建立操作指引。

由于融资的贷前调查比一般授信要复杂,可以建立专业的调查、审查模板和相关指引,有效减少由工作人员的专业能力、主观意向导致的对调查结果的影响。建立出账、贷后管理环节的操作指引,明确操作流程、重点关注的风险点和操作的步骤要求,使工作人员有章可循,控制其自由裁量权。

(4)不断完善产品业务流程。

作为一项新兴的业务,大宗商品融资发展过程中会不断出现新的问题,相关法律法规也会不断完善。因此,应该定期审核产品设计和流程的缺陷。

(5)引用风险转移技术。

主要包括保险和外包两类。目前国内尚不具备广泛推广利用保险的条件,但在物流管理中,可以有相应的应用。在国内大宗商品融资实践中,很多银行和企业与第三方物流公司进行战略合作,将物流监管的操作风险转移到物流公司或者仓储公司,

这就降低了操作风险的管理成本。

5.技术风险控制

商业银行在开发、运行和维护网上支付系统的全过程里要实施严格管理,并设立专门机构负责技术风险控制。明确业务主管部门、技术支持部门和稽查监督部门相互间的制衡;严禁系统设计、软件开发等人员介入实际业务操作,并制定相应的保密制度;对系统内的数据资料必须定期备份,有条件的应做到异地双机热备份;完善业务数据报关安全措施;定期开展故障排除、灾难恢复的演练,确保系统的可靠、稳定、安全运行。

(1)应用系统本身的风险防范和预警。

(2)主要部门之间的权利制约,重要岗位的人员在操作中应杜绝"一手清"。

(3)事后监督部门和其他检查监督部门,通过系统存储记录检查业务发生情况和具体操作过程。

(4)拥有一定授权级别的客户对自己账户发生的历史记录进行查阅。

此外,网上支付业务要实行适当的责任分离制度,如:重要空白凭证的保管与使用相分离;信用的受理发放与审查相分离;负责设备维护开发的技术人员与业务经办人员、会计人员相分离;等等。

6.建立紧急预警机制

供应链是个纵横交错的网状松散团体联盟,在这种结构中,突发事件、重大事件的发生不可避免。基于供应链的网状结构,风险事件一旦发生,其风险将沿着供应链不断扩散和蔓延,事后再进行控制与挽救,就难以操作。

大宗商品供应链金融相比传统贷款在风险管理方面的优势在于连续的贷后操作,为银行提供了及时了解受信人经营状况以及行业景气度的观察窗口。这为债权人的授信预警和突发事件的及时反应创造了必要的条件。

商业银行的大宗商品金融还处于初步发展阶段,对其业务的发现管理也处于探索过程中。大宗商品金融风险管理作为一项系统工程,需要在整个信用体系范围内建立一个全面的风险控制体系和相应的管理机构,这样才能在创新业务模式的基础上有效控制风险,才能使大宗商品金融所面临的风险降到最低,从而提高银行的经营效率。

二、风险管理建议

规范市场交易制度与规则。大宗商品贸易市场的交易制度和规则应统一,市场组织形式、股东构成、资本金、商品类别和品种、交易形式、交易规则、风险管理制度等都应纳入相关管理办法和市场准入的范畴。尤其在交易资金安全和结算制度方面,应统一规定将银行作为第三方资金托管者的制度,斩断市场主办方伸向客户资金的手,确保市场稳定运行。

1. 尽快建立针对电子货币的监管体系

第一,在制定监管政策时要注意把电子货币与电子进入类产品区别开来。电子进入类产品是传统金融业务的电子化,而电子货币则是信息技术与金融业务整合的结果,并不仅仅是支付或结算手段在电子领域的延伸。所以,要单独设立针对电子货币的监管政策。

第二,由于以贷款形式发行的电子货币对货币供给及中央银行资产负债的冲击很大,因此,在我国货币政策传导机制理顺前,应禁止以贷款形式发行电子货币,即使在我国社会主义市场经济体制完善后,允许以贷款形式发行电子货币,对发行的电子货币也要实施比以出售形式发行的电子货币更为严格的监管。

2. 加快网络金融业务管理规章的制定

不仅要注重对技术风险的管理,还要强调对战略风险、操作风险、法律风险的管理;不仅要完善对内监管制度,还要建立对相关外包方和其他第三方的全面检查和监管机制。

3. 完善线性金融监管政策,补充适用于网络金融业务的相关法律条文

对现有法律不适应的部分进行修订和补充,同时加快出台新的关于网络金融业务的法律法规。法律法规的制定不仅要预测未来网络金融创新的发展及可能出现的问题,做到先行立法保护,而且要考虑与国际金融监管政策的兼容性。

 课后思考题

(1)大宗商品贸易金融服务的风险有哪些?

(2)大宗商品贸易的金融服务主要有哪些监管机构?

(3)与大宗商品贸易相关的行业协会有哪些? 他们在金融服务监管中主要起到什么作用?

(4)我国针对大宗商品电子交易金融服务的法律法规主要有哪些类别?

(5)请比较美国、日本、英国等国家与大宗商品电子交易金融服务相关的法律法规的不同之处。

课后习题讲解

第六章　商品期货市场建设

导入案例

2021年,中国期货市场成交量创历史新高,连续3年大幅增长;在全球场内衍生品市场中,中国4家期货交易所的成交量排名稳中有升;在农产品、金属和能源3类品种的全球成交量排名中,中国期货品种包揽农产品前11名、在金属品种前10名中占9席,能源品种前20名中占7席;期货期权新品种稳步增加,衍生品体系更加完善;期货公司资本实力增强,经纪业务收入大幅增长。

导入案例讲解

2021年,中国4家期货交易所表现良好。根据美国期货业协会(Futures Industry Association,简称FIA)统计的全年成交量数据,郑州商品交易所、上海期货交易所、大连商品交易所和中国金融期货交易所在全球交易所期货和期权成交量排名中分别位居第7、第8、第9和第27。郑州商品交易所、上海期货交易所较2020年分别提升了5位和1位,中国金融期货交易所排名没有变化,大连商品交易所下降了2位。虽然中国期货交易所发展成绩显著,但是与中国的工业生产和经济发展还有一定的差距。

案例思考

中国是全球最大的工业国家和大宗商品集散地,为什么中国的期货市场交易量却比伦敦金属交易所、芝加哥期货交易所的交易量低?

第一节　期货市场概述

一、期货市场的产生和发展

一般认为期货交易最早萌芽于欧洲。早在古希腊和古罗马时期,欧洲就出现了中央交易场所和大宗易货交易,形成了按照既定时间在固定场所开展交易的活动。在此基础上,产生了远期交易的雏形。在

知识点讲解

农产品收获以前,商人先向农民预购农产品,待收获以后,农民再交付农产品,这就是比较原始的远期交易。中国的远期交易同样源远流长,早在春秋时期就已有了远期交易的雏形。

随着谷物远期现货交易的不断发展,1848 年 82 个粮食商人在芝加哥组建了世界上第一家较为规范的期货交易所——芝加哥期货交易所。当初的芝加哥期货交易所并非一个市场,而只是一家为促进芝加哥工商业发展而自发形成的商会组织。交易所成立之初,采用远期合同交易的方式。交易的参与者主要是生产商、经销商和加工商,其特点是实买实卖,交易者通过交易所寻找交易对手,在交易所缔结远期合同,待合同到期,双方进行实物交割,以商品货币交换了结交易。当时,交易所主要起稳定产销、规避季节性价格波动风险的作用。

这种远期交易方式在随后的交易过程中遇到了一系列困难,商品品质、等级、价格、交货时间、交货地点等都是根据双方的具体情况一对一达成的,当双方情况或市场价格发生变化,需要转让已签订合同时,交易就变得非常困难。另外,远期交易最终能否履约主要依赖对方的信誉,而对对方信誉状况做全面细致的调查,费时费力,成本较高,难以进行,交易风险较大。

针对上述情况,芝加哥期货交易所于 1865 年推出了标准化合约,同时实行保证金制度,向签约双方收取不超过合约价值 10% 的保证金,作为履约保证。这是具有历史意义的制度创新,促成了真正意义上的期货交易的诞生。随后,在 1882 年,交易所允许以对冲方式免除履约责任,这更加促进了投资者的加入,使期货市场流动性加大。1883 年,结算协会成立,向芝加哥期货交易所的会员提供对冲工具。但结算协会当时还算不上规范严密的组织,直到 1925 年芝加哥期货交易所结算公司成立,芝加哥期货交易所所有交易都要进入结算公司结算,现代意义上的结算机构才算形成。

期货与现货相对应,并由现货衍生而来。期货通常指期货合约,是期货交易场所统一制定的、规定在将来某一特定的时间和地点交割一定数量标的物的标准化合约。期货合约包括商品期货合约、金融期货合约及其他期货合约。期货合约中的标的物即为期货品种,期货品种既可以是实物商品,也可以是金融产品。标的物为实物商品的期货合约称作商品期货,标的物为金融产品的期货合约称作金融期货。

期货交易即期货合约的买卖,由远期现货交易衍生而来,是与现货交易相对应的交易方式。期货市场是进行期货交易的场所,是与现货市场相对应的组织化和规范化程度更高的市场形态。广义的期货市场包括交易所、结算所、经纪公司和交易者;狭义的期货市场仅指期货交易所。

二、期货市场的发展历程和趋势

(一)国际期货市场的发展历程

经过长期的发展,国际期货市场大致经历了自商品期货到金融期货、交易品种不断增加、交易规模不断扩大的过程。

1.商品期货

商品期货是指标的物为实物商品的期货合约。商品期货历史悠久,种类繁多,主要包括农产品期货、金属期货和能源化工期货等,如图6-1所示。

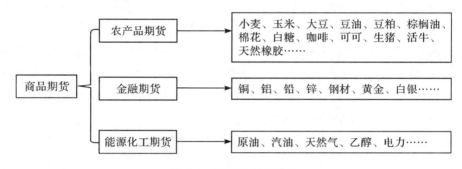

图6-1　商品期货的种类

(1)农产品期货。1848年芝加哥期货交易所诞生以及1865年标准化合约推出后,随着现货生产和流通的扩大,不断有新的期货品种被推出。除小麦、玉米、大豆等谷物外,从19世纪后期到20世纪初,棉花、咖啡、可可等经济作物,活牛、生猪等畜禽产品,木材、天然橡胶等林产品期货也陆续上市。

(2)金属期货。最早的金属期货交易诞生于英国。1876年成立的伦敦金属交易所(LME),开金属期货交易先河,主要从事铜和锡的期货交易。1899年,伦敦金属交易所将每天上下午进行两轮交易的做法引入铜、锡交易。1920年,铅、锌两种金属也在伦敦金属交易所上市。伦敦金属交易所自创建以来一直交易活跃,至今其价格依然是国际有色金属市场的"晴雨表"。

美国金属期货的出现晚于英国。19世纪后期到20世纪初,随着美国开始建立现代工业生产体系,期货合约的种类也从农产品扩大到金属制成品和加工品等。纽约商品交易所(COMEX)成立于1933年,由经营皮革、生丝、橡胶和金属的交易所合并而成,交易品种有黄金、白银、钢、铝等,其1974年推出的黄金期货合约在19世纪70—80年代的国际期货市场上有一定的影响力。

(3)能源化工期货。20世纪70年代初发生的石油危机,给世界石油市场带来巨大冲击,油价的剧烈波动直接导致了能源期货的产生。纽约商业交易所(NYMEX)和洲际交易所(ICE)是世界上最具影响力的能源期货交易所,上市品种有原油、汽油、取暖油、乙醇等。

2.金融期货

20世纪70年代初,布雷顿森林体系解体,国际经济形势发生急剧变化,固定汇率制被浮动汇率制取代,利率管制等金融管制政策逐渐被取消。汇率、利率频繁剧烈波动,促使人们向期货市场寻求避险工具,金融期货应运而生。1972年5月,芝加哥商业交易所(CME)设立了国际货币市场分部(IMM),首次推出包括英镑、加元、法国法郎、日元和瑞士法郎等在内的外汇期货合约。1975 年 10 月,芝加哥期货交易所上市的国民抵押协会债券期货合约是世界上第一个利率期货合约。1977 年 8 月,美国长期国债期货合约在芝加哥期货交易所上市。1982 年 2 月,美国堪萨斯期货交易所(KCBT)开发了价值线综合指数期货合约,股票价格指数也成为期货交易的对象。伦敦国际金融期货期权交易所(LIFFE)于 1997 年进行个股期货交易。2002 年 11 月,由芝加哥期权交易所、芝加哥商业交易所和芝加哥期货交易所联合发起的新交易所也开始交易单个股票期货。金融期货的出现,使期货市场发生了翻天覆地的变化,彻底改变了期货市场的格局。金融期货的种类如图 6-2 所示。

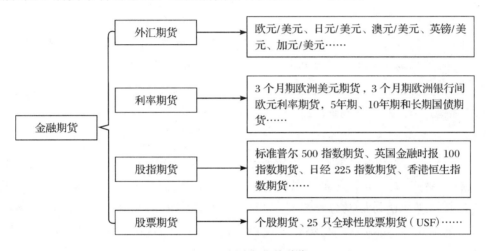

图 6-2　金融期货的种类

(二)国际期货市场的发展趋势

期货市场的发展和世界经济的发展紧密联系在一起。从 20 世纪 70 年代初布雷顿森林体系解体开始,世界经济呈现出货币化、金融化、自由化、一体化的发展趋势。特别是 20 世纪最后十几年以来,全球化发展进程加速,全球市场逐步形成。在这一过程中,国际期货市场起到了重要作用。国际期货市场的发展呈现出以下特点。

1.交易中心日益集中

国际期货交易中心主要集中在芝加哥、纽约、伦敦、法兰克福等地。20 世纪 90 年代以来,新加坡、德国、法国、巴西等国的期货市场发展较快。中国的商品期货市场也发展迅猛,已经成为全球交易量最大的商品期货市场。

2.改制上市成为潮流

1993 年,瑞典斯德哥尔摩证券交易所改制成为全球第一家股份制的交易所。2000 年 3 月,我国的香港联合交易所与香港期货交易所完成股份化改造,并与香港中央结算有限公司合并,成立香港交易及结算所有限公司(HKEX),于 2000 年 6 月以引入形式在我国的香港交易所上市。2000年,芝加哥商业交易所成为美国第一家公司制交易所,并在2002年成功上市。纽约—泛欧交易所集团(NYSE Euronext)成为一家完全合并的交易所集团,于2007年4月4日在纽约证券交易所和欧洲交易所同时挂牌上市,交易代码为NYX。

3. 交易所合并愈演愈烈

交易所是一个通过现代化通信手段联结起来的公开市场,因此,市场规模越集中,市场流动性越大,形成的价格越公平、越权威。

2006年6月,纽约证券交易所集团和总部位于巴黎的泛欧交易所达成总价约100亿美元的合并协议,组成全球第一家横跨大西洋的纽约—泛欧交易所集团。2008年,纽约商业交易所和纽约商品交易所加入。CME集团是全球最大的衍生品交易所集团。2012年,我国香港交易及结算所有限公司以13.88亿英镑的价格收购英国伦敦金属交易所,表明中国也开始积极介入国际期货市场的兼并浪潮。

交易所合并的原因主要有:一是经济全球化的影响;二是交易所之间的竞争更为激烈;三是场外交易发展迅速,对交易所构成威胁。

4. 金融期货发展势不可挡

近20年来,金融期货品种的交易量已远超商品期货,上市品种显现金融化的趋势。这种趋势可以从两个方面加以说明:一是从美国近20年期货交易统计数字中可以看出,商品期货交易量占总交易量的份额呈明显下降趋势,而金融期货交易量占总交易量的份额则呈明显上升趋势。美国期货的主导产品逐渐从农产品转变为利率品种,进入20世纪90年代,股票指数期货和个股期货又得到迅速发展。二是从全球期货交易的统计数字中同样可以看出金融期货品种的绝对优势。

2021年,金融类衍生品总成交量为519.92亿手,同比增加39.70%,占场内衍生品总成交量的83.07%;商品类衍生品成交量为105.93亿手。在商品类衍生品交易中,期权仅有4.95亿手,比例相对较低。总体而言,金融类衍生品由于投资门槛较低,占总交易量的比重呈现较为明显的上升态势。2012—2021年全球各类场内衍生品市场份额变化情况如图6-3所示。

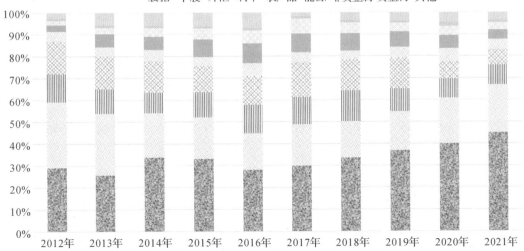

图6-3　2012—2021年全球各类场内衍生品市场份额变化情况

5.交易方式不断创新

交易方式的发展与科学技术的进步是同步的。传统的期货交易以场内公开喊价的方式为主,这种方式要受到交易场地等因素的限制。随着计算机和通信技术的发展,电子化的交易方式能够打破时空的界限,只要投资者的计算机终端与交易所主机联网,就可以向主机传输买卖合约的信息,由主机自动撮合成交,大大提高了价格信息的传递速度和交易的效率。交易系统的联网也有助于吸引更多的交易者参与。

电子交易所具的优势有:(1)提高了交易速度;(2)降低了市场参与者的交易成本;(3)突破了时空的限制,增加了交易品种,扩大了市场覆盖面,延长了交易时间,使交易更具连续性;(4)交易更为公平,无论市场参与者是否居住在同一城市,只要通过许可都可参与同一市场的交易;(5)具有更高的市场透明度和较低的交易差错率;(6)可以部分取代交易大厅和经纪人的作用。

6.交易所竞争加剧,服务质量不断提高

随着国际期货市场一体化进程的加快,各国交易所积极开拓国际市场,交易所之间的竞争有所加剧。具体措施有:各交易所在国外设立分支机构,积极吸纳外国会员;开设夜盘交易,延长交易时间,便于外国客户参与。

(三)我国期货市场的发展历程

我国的期货市场产生于20世纪80年代。改革是沿着两条主线展开的,即价格改革和企业改革。价格改革最早从农产品开始。随着农村家庭联产承包责任制在全国范围内的推广,农业生产得到很大发展。此时,国家实行价格双轨制,除计划定购之外,可以议购议销,市场调节的范围不断扩大。随之出现了农产品价格大升大降,

农业生产大起大落,买难卖难问题此消彼长,政府用于农产品补贴的财政负担日益加重等一系列难题。其中,引起有关领导和专家学者重视的两个问题是:现货价格失真,市场本身缺乏保值机制。

为了解决价格波动这一难题,使资源得到更加合理的使用,党中央和国务院先后做出重要指示,决定研究期货交易。1988 年 3 月,第七届全国人民代表大会第一次会议上的《政府工作报告》指出:"加快商业体制改革,积极发展各类批发贸易市场,探索期货交易。"从而确定了在中国开展期货市场研究的课题。1988 年初,国务院发展研究中心、国家体改委、商业部等部门根据党中央的指示,组织力量开始进行期货市场研究,并成立了期货市场研究小组,系统地研究了国外期货市场的现状和历史,组织人员对国外期货市场进行了考察,积累了大量有关期货市场的理论知识。

1. 初创阶段

1990 年 10 月 12 日,郑州粮食批发市场经国务院批准,以现货交易为基础,引入期货交易机制,作为我国第一个商品期货市场开始起步。1991 年 6 月 10 日,深圳有色金属交易所宣告成立,并于 1992 年 1 月 18 日正式开业。1992 年 5 月 28 日,上海金属交易所开业。1992 年 12 月,我国第一家期货经纪公司——广东万通期货经纪公司成立。

到 1993 年,由于人们在认识上存在偏差,尤其是受部门和地方利益驱动,在缺乏统一管理的情况下,各地各部门纷纷创办各种各样的期货交易所。到 1993 年下半年,全国各类期货交易所达 50 多家,期货经纪机构近千家。由于对期货市场的功能、风险认识不足,法规监管严重滞后,期货市场一度陷入了一种无序状态,多次酿成期货市场风险,直接影响到期货市场功能的发挥。

2. 治理整顿阶段

1993 年 11 月,国务院发布《关于坚决制止期货市场盲目发展的通知》,提出了"规范起步,加强立法,一切经过试验和严格控制"的原则,标志着第一轮治理整顿的开始。在治理整顿中,首先是对期货交易所进行清理,15 家交易所作为试点被保留下来。1998 年 8 月,国务院发布《关于进一步整顿和规范期货市场的通知》,开始了第二轮治理整顿。1999 年期货交易所数量再次精简合并为 3 家,分别是郑州商品交易所、大连商品交易所和上海期货交易所,期货品种也由 35 个降至 12 个。1999 年,期货经纪公司最低注册资本金提高到 3000 万元。两次治理整顿的主要内容如表 6-1 所示。

表 6-1　中国期货交易所和期货品种的治理整顿

项目	第一次清理整顿	第二次清理整顿	
期货交易所	由清理整顿前的 50 多家缩减为 15 家,对期货交易所进行会员制改造	由 15 家精简合并为 3 家	上海期货交易所
			大连商品交易所
			郑州商品交易所
期货品种	期货品种削减为 35 个	期货品种削减为 12 个	上海期货交易所:铜、铝、胶合板、天然橡胶、籼米
			大连商品交易所:大豆、豆粕、大麦
			郑州商品交易所:小麦、绿豆、红小豆、花生仁

为了规范期货市场行为,国务院及有关政府部门先后颁布了一系列法规,对期货市场的监管力度不断加强。1999 年 6 月,国务院颁布《期货交易管理暂行条例》,与之配套的《期货交易所管理办法》《期货经纪公司管理办法》《期货经纪公司高级管理人员任职资格管理办法》和《期货从业人员资格管理办法》相继发布实施。2000 年 12 月,中国期货业协会成立,标志着中国期货行业自律管理组织的诞生,从而将新的自律机制引入监管体系。

3. 规范发展阶段

进入 21 世纪以来,"稳步发展"成了中国期货市场的主题。在这一阶段,中国期货市场走向法制化和规范化,监管体制和法规体系不断完善,新的期货品种不断推出,期货交易量实现恢复性增长后连创新高,初步积累了服务产业及国民经济发展的经验,具备了在更高层次服务国民经济发展的能力。

中国期货市场监控中心(原中国期货保证金监控中心)于 2006 年 5 月成立。作为期货保证金安全存管机构,中国期货市场监控中心为有效降低保证金被挪用的风险、保证期货交易资金安全以及维护投资者利益发挥了重要作用。中国金融期货交易所于 2006 年 9 月在上海挂牌成立,并于 2010 年 4 月推出了沪深 300 股票指数期货,对丰富金融产品、为投资者开辟更多的投资渠道、完善资本市场体系、发挥资本市场功能,以及深化金融体制改革具有重要意义,标志着中国期货市场进入了商品期货与金融期货共同发展的新阶段。

2011 年初发布的《中华人民共和国国民经济和社会发展第十二个五年规划纲要》明确提出"推进期货和金融衍生品市场发展"。2016 年 3 月发布的《中华人民共和国国民经济和社会发展第十三个五年规划纲要》提出"积极稳妥推进期货等衍生品市场创新",标志着期货市场迎来新的发展机遇。2021 年 3 月发布的《中华人民共和国国民经济和社会发展第十四个五年规划和 2035 年远景目标纲要》提出要"稳妥推进银行、证券、保险、基金、期货等金融领域开放,深化境内外资本市场互联互通,健全合格境外投资者制度……健全多层次资本市场体系"。这标志着期货市场国际化发展进入新时代。

二、期货交易的特征

(一)期货交易的基本特征

期货交易是在现货交易、远期交易的基础上发展起来的。在市场经济发展过程中,商流与物流的分离呈扩大的趋势,期货交易是两者分离的极端形式。期货交易的基本特征可以归纳为以下几个方面。

1.合约标准化

期货合约是由交易所统一制定的标准化远期合约。在合约中,标的物的数量、规格、交割时间和地点等都是既定的。这种标准化合约给期货交易带来极大的便利,交易双方不需要事先对交易的具体条款进行协商,从而节约了交易成本,提高了交易效率和市场流动性。

2.场内交易

期货交易的所有买卖指令必须在交易所内进行集中竞价。只有交易所的会员方能进场交易,其他交易者只能委托交易所会员为其代理进行期货交易。

3.保证金制度

期货交易实行保证金制度。交易者在买卖期货合约时按合约价值的一定比例缴纳保证金(一般为5%—15%)作为履约保证,即可进行数倍于保证金的交易。这种以小博大的保证金交易,也被称为"杠杆交易"。期货交易的这一特征使期货交易具有高收益和高风险的特点。保证金比例越低,杠杆效应就越大,高收益和高风险的特点就越明显。

4.双向交易

期货交易采用双向交易方式。交易者既可以买入建仓(或称开仓),即通过买入期货合约开始交易,也可以卖出建仓,即通过卖出期货合约开始交易。前者也称为"买空",后者也称为"卖空"。双向交易给予投资者双向的投资机会,也就是在期货价格上升时,通过低买高卖来获利;在期货价格下降时,通过高卖低买来获利。

5.对冲了结

交易者在期货市场建仓后,大多并不是通过交割(即交收现货)来结束交易,而是通过对冲了结。买入建仓后,可以通过卖出同一期货合约来解除履约责任;卖出建仓后,可以通过买入同一期货合约来解除履约责任。对冲了结使投资者不必通过交割来结束期货交易,从而提高了期货市场的流动性。

6.当日无负债结算

期货交易实行当日无负债结算,也称为"逐日盯市"。结算部门在每日交易结束后,按当日结算价对交易者结算所有合约的盈亏、交易保证金、手续费、税金等费用,对应收应付的款项实行净额一次划转,并相应增加或减少保证金。如果交易者的保证金余额低于规定的标准,则须追加保证金,从而做到"当日无负债"。

(二)期货交易与现货交易

1.期货交易与现货交易的联系

现货交易,是指买卖双方根据商定的支付方式与交货方式,采取即时或在较短时间内进行实物商品交收的一种交易方式。现货交易覆盖面广,不受交易对象、交易时间、交易空间等方面制约,没有特殊限制,随机性大。

期货交易,是指在期货交易所内集中买卖期货合约的交易活动,是一种高度组织化的交易方式,对交易对象、交易时间、交易空间等有较为严格的限定。期货交易的对象是标准化的期货合约,是由期货交易所统一制定,规定在将来某一特定的时间和地点交割一定数量标的物的标准化合约。

期货交易是一种高级的交易方式,是以现货交易为基础,在现货交易发展到一定程度和社会经济发展到一定阶段才形成和发展起来的。没有期货交易,现货交易的价格波动风险难以规避;没有现货交易,期货交易就失去了产生的根基,两者相互补充,共同发展。

2.期货交易与现货交易的区别

(1)交割时间不同。现货交易一般是即时成交或在很短时间内完成商品的交收活动,买卖双方一旦达成交易,实现商品所有权的让渡,商品的实体即商品本身便随之从出售者手中转移到购买者手中。

商品的买卖实际上包含着两种运动:一种是商品作为使用价值的载体而发生的空间运动,称为物流;另一种是所有权从让渡者向受让者的转移,称为商流。所以,在现货市场上,商流与物流在时空上基本是统一的。

期货交易从成交到货物收付之间存在着时间差,发生了商流与物流的分离。例如,买卖双方于3月10日达成一笔10月20日交割的铜期货合约,实物交割在10月20日完成,但在4月10日买卖双方就成交了,表现为双方买卖的是标准化的铜期货合约。期货交易成了买卖标准化期货合约的交易,期货市场成了买卖期货合约的市场。

(2)交易对象不同。现货交易的对象主要是实物商品,期货交易的对象是标准化合约。从这个意义上来说,期货不是货,而是关于某种商品的合同。现货交易涵盖了全部实物商品。可以说,有商品就有相应的现货交易,而期货合约所指的标的物则是有限的特定种类的商品,如粮食期货、金属期货等。并不是所有的商品都能够成为期货交易的品种。

(3)交易目的不同。现货交易的目的是获得或让渡商品的所有权,是满足买卖双方需求的直接手段。期货交易的目的一般不是获得实物商品,套期保值者的目的是通过期货交易转移现货市场的价格风险,投资者的目的是从期货市场价格波动中获得风险利润。

(4)交易的场所与方式不同。现货交易一般不受交易时间、地点、对象的限制,交易灵活方便,随机性强,可以在任何场所与对手交易。期货交易必须在高度组织化的期货交易所内以公开竞价的方式进行。目前,场内竞价方式主要有公开喊价和电子化交易,交易者必须委托期货经纪公司代理交易。

(5)结算方式不同。现货交易主要采用到期一次性结清的结算方式,同时也有货到付款方式和信用交易中的分期付款方式等。期货交易实行当日无负债结算制度,交易双方必须缴纳一定数额的保证金,并且在交易过程中保证金始终要维持在一定的水平上。

(三)期货交易与远期交易

1.期货交易与远期交易的联系

远期交易是指买卖双方签订远期合同,规定在未来某一时间进行实物商品交收的一种交易方式。现货交易组织的是现有商品的流通,远期交易组织的是未来生产出的、尚未出现在市场上的商品的流通。从这个意义上来说,远期交易在本质上属于现货交易,是现货交易在时间上的延伸。

期货交易与远期交易有许多相似之处,其中最突出的一点是两者均为买卖双方约定于未来某一特定时间以约定价格买入或卖出一定数量的商品。远期交易是期货交易的雏形,期货交易是在远期交易的基础上发展起来的。

2.期货交易与远期交易的区别

(1)交易对象不同。期货交易的对象是交易所统一制定的标准化期货合约。可以说,期货不是货,而是一种合同,是一种可以反复交易的标准化合约。在期货交易中并不涉及具体的实物商品。远期交易的对象是交易双方私下协商达成的非标准化合同,所涉及的商品没有任何限制。远期合同交易代表两个交易主体的意愿,交易双方通过一对一的谈判,就交易条件达成一致意见而签订远期合同。

(2)功能作用不同。期货交易的功能是规避风险和发现价格。期货交易是众多的买主和卖主根据期货市场的规则,通过公开、公平、公正、集中竞价的方式进行的期货合约的买卖,易于形成一种真实而权威的期货价格,指导企业的生产经营活动,同时又为套期保值者提供了回避、转移价格波动风险的机会。远期交易尽管在一定程度上也能起到调节供求关系、减少价格波动的作用,但由于远期合同缺乏流动性,所以其价格的权威性和分散风险的作用大打折扣。

(3)履约方式不同。期货交易有实物交割与对冲平仓两种履约方式,其中绝大多数期货合约都是通过对冲平仓的方式了结的。远期交易履约主要采用实物交收方式,虽然也可采用背书转让方式,但最终的履约方式是实物交收。

(4)信用风险不同。期货交易中,以保证金制度为基础,实行当日无负债结算制度,每日进行结算,信用风险较小。远期交易从交易达成到最终完成实物交割有相当长的一段时间,其间市场会发生各种变化,各种不利于履约的行为都有可能出现。例如:买方资金不足,不能如期付款;卖方生产力不足,不能保证供应;市场价格趋涨,卖方不愿按原定价格交货;市场价格趋跌,买方不愿按原定价格付款;等等。这些都会使远期交易不能最终完成,加之远期合同不易转让,所以远期交易具有较高的信用风险。

(5)保证金制度不同。期货交易有特定的保证金制度,按照成交合约价值的一定比例向买卖双方收取保证金,通常是合约价值的5%—15%。而远期交易是否收取或收取多少保证金由交易双方商定。

第二节 期货市场的功能与作用

期货市场自产生以来,之所以能不断发展壮大并成为现代市场体系中不可或缺的重要组成部分,是因为其具有难以替代的功能和作用。正确认识期货市场的功能和作用,可以进一步加深对期货市场的理解。

知识点讲解

一、规避风险的功能

在市场经济中,供求因素的变化、市场竞争的日趋激烈,使商品生产经营活动不可避免地遇到各种各样的风险,如信用风险、经营风险、价格风险等,其中经常面临的风险就是价格风险。对于价格风险,商品生产经营者与商品投资者的态度是截然不同的。对于商品的生产经营者来说,活动的主要目的是通过各种要素的投入,生产出产品并通过销售获取持续稳定的利润。而投资者通过预判价格走势,试图以低价买入、高价卖出的方式来获利,投资者是"风险的偏好者"。与投资者相对比,商品的生产经营者应属于"风险厌恶者",他们希望尽可能避免价格的波动来获得预期的稳定利润。在市场经济条件下,商品价格会随供求变化而变化,在供求矛盾比较尖锐时,可能会出现价格的大幅度波动,不利的价格变化很可能导致收益减少或成本上升,严重情况下,可能导致亏损甚至破产。而期货市场规避风险的功能,为生产经营者回避、转移或者分散价格风险提供了良好途径,这也是期货市场得以发展的主要原因。

以下以大豆期货交易为例,来说明大豆种植者是如何通过期货市场规避价格风险的。在我国东北,大豆每年4月开始播种,到10月收获,有半年多的生长期。大豆价格受市场供求变化影响经常发生波动,价格下跌给生产者带来损失的可能性是客观存在的。如果大豆生产者预计在收获期大豆价格可能会下降,为了规避价格风险,他可以在播种时就在期货市场卖出交割月份在 11 月的与预计大豆产量相近的大豆期货合约。如果大豆价格在 10 月时果然出现下跌,尽管他在现货市场上因低价出售承担了一定的损失,但他可以在期货市场上将原来卖出的合约进行对冲平仓来获得相应收益,期货市场的收益可以弥补现货市场的亏损。如果生产者判断错误,10 月现货价格不仅未跌反而上涨,那么对生产者来说,套期保值的结果是用现货市场上的盈利去弥补期货市场上的亏损。

总之,不管是用期货市场上的盈利来弥补现货市场上的亏损,或用现货市场上的盈利来弥补期货市场上的亏损,套期保值是在这两个市场之间建立盈亏冲抵机制。如果生产者根据预期进行远期交易,在预测正确时,毫无疑问,获得的收益要高于套期保值,但是一旦预测错误,则要承担较大的风险。商品生产经营者作为"风险厌恶者"使套期保值成为在现代市场经济条件下回避风险的有力工具。

(一)在期货市场上通过套期保值规避风险的原理

期货市场是如何通过套期保值来实现规避风险的功能呢? 其主要的基本原理在于:对于同一种商品来说,在现货市场和期货市场同时存在的情况下,在同一时空内会受到相同的经济因素的影响和制约,因而一般情况下两个市场的价格变动趋势相同,并且随着期货合约临近交割,现货价格与期货价格趋于一致。套期保值就是利用两个市场的这种关系,在期货市场上采取与现货市场上交易数量相同但交易方向相反的交易(如在现货市场上卖出的同时在期货市场上买进,或者相反),从而在两个市场上建立一种相互冲抵的机制。无论价格怎样变动,都能取得在一个市场亏损的同时在另一个市场盈利的结果。最终,亏损额与盈利额大致相等,两相冲抵,从而将价格变动的风险大部分转移出去。

(二)投资者的参与是套期保值实现的条件

生产经营者通过套期保值来规避风险,但套期保值并不是消灭风险,而只是将其转移出去,转移出去的风险需要有相应的承担者,期货投资者正是期货市场的风险承担者。在市场经济条件下,商品供给和需求在总量、结构、时间、空间上的矛盾是经常的、普遍的、客观存在的,因而,价格的波动及由此带来的风险是不可避免的,客观上生产经营者存在规避价格风险的需求。在期货市场上,由于期货合约受供求等多种因素影响而处于价格频繁波动的状态,并且期货交易所特有的对冲机制、保证金制度等交易制度,吸引了大量的投资者加入。从客观上看,投资者的加入为生产经营者参与套期保值提供了很大便利。因为套期保值者若想在期货市场上进行买卖合约的交易,那每笔交易的达成就必须有相应的交易对手,即愿意卖出或买入合约的人,如果没有投机者的参与,而完全依赖其他套期保值者的参与来保证每笔交易的达成,那么成交的可能性是微乎其微的。例如,当商品生产者想在期货市场卖出期货合约进行保值时,客观上必须有一个或多个其他交易者恰巧在同一时间希望在期货市场上买入期货合约进行保值,并且交易数量、交割月份等细节完全匹配。可以想象,在只有套期保值者参与的期货市场上,期货合约的流动性是非常差的,反过来也会影响套期保值者参与的积极性。因此,从这个角度看,投资者虽然在主观上是出于获取投资利润的目的而参与期货交易,但在客观上却为套期保值的实现创造了条件。在争取投资利润的同时,投资者也承担了相应的价格波动的风险,是期货市场的风险承担者。

二、价格发现的功能

(一)价格发现的过程

1.价格信号是企业经营决策的依据

在市场经济中,价格机制是调节资源配置的重要手段。价格是在市场中通过买卖双方的交易活动而形成的,价格反映了产品的供求关系。与此同时,价格变化又影响供求的变动。例如,当产品市场供给大于需求时,产品价格将下降,而价格的下降又会引起需求的增加及供给的减少,最终通过价格的下降使产品的供求达到均衡。在市场经济中,企业具有自主的经营决策权,为了实现利润最大化,需要时刻关注相关商品的价格信息,以此来调整产品结构、数量以及营销策略。例如,当产品价格出现上涨时,说明该产品的供给量相对于需求量来说是不足的,企业可以增加该产品的生产;当产品价格下降时,说明该产品的供给量出现相对过剩,企业应相应减少该产品的生产,调整产品结构或增加该产品的营销力度。应该说,价格信息是生产经营者进行正确决策的主要依据。如果企业收集到的价格信息失真或者不全面,则容易导致决策失误,利润下降,使企业的市场竞争力降低。

2.现货市场中的价格信号是分散的、短暂的

既然价格信号如此重要,企业应该从哪里收集价格信号呢?在没有期货市场之前,价格信息只能从现货市场收集。但是现货市场的交易大多是分散的,其价格是由买卖双方私下达成的。企业决策者所能收集到的价格信息不仅十分零散,而且准确程度也比较低。更为重要的是,现货价格只反映在某个时点上的供求状况,不能反映未来供求变化及价格走势,因此可预测能力差。自期货交易产生以来.情况大为改观。在许多国家,期货价格成为现货生产经营企业经营决策的主要依据,随着期货交易的不断发展和期货市场的不断完善,期货市场发现价格的功能逐渐受到人们的重视。

3.预期价格在有组织的规范市场形成

发现价格功能是指期货市场通过公开、公正、高效、竞争的期货交易运行机制,形成具有真实性、预期性、连续性和权威性价格的过程。期货市场形成的价格之所以为公众所认可,是因为期货市场是一个有组织的规范化的市场。期货价格是在专门的期货交易所内形成的。期货交易所聚集了众多的买方和卖方,把自己所掌握的某种

商品的供求关系及其变动趋势的信息集中到交易场内或电子交易平台。同时,按期货交易所的规定,所有期货合约买卖都必须在交易所的交易场内通过公开喊价的方式进行,不允许场外交易,这就使得所有买方和卖方都能获得平等的买卖机会,都能表达自己的真实意愿,从而使期货市场成为一个公开的竞争充分的市场。通过期货交易所把众多影响某种商品价格的供求因素集中反映到期货市场内,这样形成的期货价格就能够比较准确地反映商品真实的供求状况及其价格变动趋势。

(二)价格发现的原因和特点

1.价格发现的原因

期货交易之所以具有价格发现的功能,主要是因为:

(1)期货交易的参与者众多,除会员以外,还有他们所代表的众多的商品生产者、销售者、加工者、进出口商以及投资者等。成千上万的买家和卖家聚集在一起进行竞争,有助于公平价格的形成。

(2)期货交易中的交易人士大都熟悉某种商品行情,有丰富的商品知识和广泛的信息渠道以及一套科学的分析、预测方法。他们把各自的信息、经验和方法带到市场上,结合自己的生产成本、预期利润,对商品供需和价格走势进行判断、分析和预测,最后报出自己的理想价格,与众多对手竞争。这样形成的期货价格实际上反映了大多数人的预测,基本能反映出供求变动趋势。

(3)期货交易的透明度高,竞争公开化、公平化,有助于形成公正的价格。期货市场是集中化的交易场所,自由报价,公开竞争,避免了现货交易中一对一的交易方式容易产生的欺诈和垄断行为,因此,期货交易发现的价格具有较高的权威性。

2.价格发现的特点

通过期货交易形成的价格具有以下特点:

(1)预期性。期货价格具有对未来供求关系及其价格变化趋势进行预测的功能。期货交易者综合自己的生产成本、预期利润,对现货供求和价格走势进行分析和判断,报出自己的理想价格。

(2)连续性。期货价格是一种连续不断地反映供求关系及其变化趋势的价格。这是因为期货交易是一种买卖期货合约的交易,而不是实物交易。实物交易达成一个价格之后,如果买入实物的一方不再卖出该商品或不马上卖出该商品,新的商品交易就不会再产生或不会马上产生,就不可能有连续不断的价格。而期货交易则不然,它是买卖期货合约的交易,实物交割的比例非常小,交易者买卖期货合约的本意大多不是为了实物交割,而是利用期货合约做套期保值交易或投资。因而,交易者在买进或卖出期货合约后,必须再卖出或买进相同数量的期货合约。同时,由于期货合约是标准化的,转手极为便利,买卖非常频繁,这样,就能不断地产生期货价格。

(3)公开性。期货价格是集中在交易所内通过公开竞争达成的,依据期货市场的信息披露制度,所有在期货交易所达成的交易及其价格都必须及时向会员报告并公之于众。通过传播媒介,交易者能够及时了解期货市场的交易情况和价格变化,并迅速传递到现货市场。

(4)权威性。因为期货价格真实地反映供求关系及价格变动趋势,具有较强的预期性、连续性和公开性,所以在期货交易发达的国家,期货价格被视为一种权威价格,成为现货交易的重要参考依据,也是国际贸易者研究全球市场行情的主要依据。

随着期货交易和期货市场的不断发展完善,期货市场的价格发现功能越来越完善,期货价格在更大范围内综合反映出更多的供求影响因素,能更准确地预测未来价格变化的趋势。也正是由于期货价格的上述特点,现货市场参与者纷纷将期货价格作为制定现货价格的重要参考,采取"期货价格+升贴水+运费"的方式确定现货价格,这就让期货市场从具备价格发现的功能逐渐发展为具备定价的功能。

三、资产配置的功能

随着金融期货的迅猛发展以及大宗商品交易金融化程度的提高,期货也被越来越多的机构和个人作为资产配置的重要组成部分,期货市场也相应地具备了资产配置的功能。

(一)资产配置的原因

投资者将期货作为资产配置的组成部分主要基于以下两个原因:首先,借助期货能够为其他资产进行风险对冲。进入 21 世纪,全球经济不稳定因素增多,市场波动加剧,特别是 2008 年爆发于美国的金融危机更是严重破坏了市场秩序,给投资者带来了严重损失。在这样的背景下,越来越多的投资者开始重视期货市场,并借助套期保值来保护持有的资产。其次,期货市场的杠杆机制、保证金制度使得投资期货更加便捷和灵活,虽然风险较大,但能获取高额的收益。借助专业投资机构,普通投资者也能够较为安全地参与期货市场。因此,越来越多的投资者开始以直接或间接的方式参与期货投资。

(二)资产配置的原理

作为资产配置工具,不同品种的期货有各自的优势。首先,商品期货能够以套期保值的方式为现货资产对冲风险,从而起到稳定收益、降低风险的作用。其次,商品期货是良好的保值工具。2008 年金融危机以来,各国为刺激经济纷纷放松货币政策,造成流动性过剩,通货膨胀压力增大。而期货合约的背后是现货资产,期货价格也会随着投资者对通货膨胀的预期而水涨船高。因此,持有期货合约能够在一定程度上抵消通货膨胀的影响。特别是贵金属期货,能够以比投资现货低得多的成本来为投资者实现资产保值。最后,将期货纳入投资组合能够实现更好的风险—收益组合。期货的交易方式更加灵活,能够与其他资产创造出更为灵活的投资组合,从而满

足不同风险偏好的投资者的需求。

四、期货市场的作用

期货市场的作用是期货市场基本功能的外在表现,其发挥作用的程度依赖于社会、经济、政治等外部条件的完善程度。综合来看,期货市场的作用是多元的、综合的,可分为宏观和微观两个层面。

(一)期货市场在宏观经济中的作用

1.提供分散、转移价格风险的工具,有助于稳定国民经济

期货品种涉及农产品、金属、能源、金融等行业,而这些行业在国民经济中都占据举足轻重的地位。期货交易为这些行业提供了分散、转移价格风险的工具,有利于减缓价格波动对行业发展的不利影响,有助于稳定国民经济。例如,以芝加哥期货交易所为代表的农产品期货市场促进了美国农业产业结构的调整,保证了农产品价格的基本稳定;芝加哥商业交易所和芝加哥期权交易所为国债和股市投资者提供了避险的工具,促进了美国债市和股市的平稳运行。

2.为政府制定宏观经济政策提供参考依据

为促进和引导国民经济的快速增长与协调发展,政府需要制定一系列的宏观经济政策。关系国计民生的重要商品物资的供求状况及价格趋势是政府制定宏观经济政策时重点关注的。由于现货市场的价格信息具有短期性的特点,仅反映一个时点的供求状况,以此为参考制定的政策具有滞后性,通过现时的市场价格指导未来的生产或者进行产业结构调整,经常造成下一阶段市场供求失衡,容易导致社会生产盲目扩张或收缩,造成社会资源的极大浪费。而期货交易是通过对大量信息进行加工,进而对远期价格进行预测的一种竞争性经济行为。它所形成的未来价格信号能反映多种生产主要素在未来一定时期内的变化趋势,具有超前性。政府可以依据期货市场的价格信号确定和调整宏观经济政策,引导企业调整生产经营的规模和方向,使其符合国家宏观经济发展的需要。例如,上海期货交易所的钢、铝、锌等期货报价已经为国家所认可,成为资源定价的依据,并在国际上产生了影响,充分体现了期货市场的价格发现功能。

3.促进本国经济的国际化

随着现代科学技术的发展和社会生产力的提高,许多国家都在努力寻找解决现货市场所带来的地域分割和相关贸易政策限制的方法。标准化的期货合约交易,为期货交易成为全球无差别性的交易方式提供了条件。同时,期货交易具有公开、公平、公正的特点,市场透明度高,形成的价格是国际贸易中的基准价格,由此期货市场成为各个国家合理配置资源的基础。利用期货市场能够把国际、国内两个市场联系起来,促进本国经济的国际化发展。

4.有助于市场经济体系的建立与完善

现代市场体系是相互关联、有机结合的市场群体,不仅包括消费资料和生产资料的商品市场,也包括劳务、技术、信息、房地产等生产要素市场以及证券、期货市场在内的金融市场。其中,期货市场是市场经济发展到一定历史阶段的产物,是市场体系中的高级形式。市场体系在现代的发展和创新主要表现为期货市场的发展和创新。从20世纪70年代的金融期货创新到80年代的期权交易的广泛开展,都表现出期货市场发展和创新的强劲势头。现货市场和期货市场是现代市场体系的两个重要组成部分,建立由现货市场和期货市场共同构成的现代市场体系,能够真正发挥市场的全面性、基础性的调节作用。同时,期货市场的形成和高效安全运行大大增加了金融市场与商品市场的关联度,提高了市场体系的运行效率,降低了市场交易成本,提高了市场配置资源的能力。因此,期货市场有助于现代市场经济体系的建立和完善。

(二)期货市场在微观经济中的作用

1.锁定生产成本,实现预期利润

利用期货市场进行套期保值,可以帮助生产经营者规避现货市场的价格风险,达到锁定生产成本、实现预期利润的目的,避免企业生产活动受到价格波动的干扰,保证生产活动的平稳进行。在美国,大多数农场主通过直接或间接进入期货市场进行套期保值交易。在我国,尽管期货市场建立的时间不长,但随着市场经济体制的逐步确立,企业面临的市场风险增大,许多企业开始利用期货市场进行套期保值交易。中粮集团、五矿集团、中纺集团等大型国有企业多年来利用期货市场开展套期保值业务,取得了良好的经济效益。

2.利用期货价格信号,组织安排现货生产

期货市场具有价格发现的功能,对现货商品的未来价格走势有一定的预期性,利用期货市场的价格信号,有助于生产经营者调整相关产品的生产计划,避免生产的盲目性。例如,我国大连商品交易所大豆期货价格对东北大豆生产区的生产以及大豆产业都起到了重要指导作用,成为全国大豆市场的主导价格,黑龙江等大豆主产区自1997年开始就参考大连商品交易所大豆期货价格安排大豆生产,确定大豆种植面积。上海期货交易所的铜、铝、锌等期货价格已经成为有色金属行业的定价基准。郑州商品交易所的白糖、棉花、小麦等期货价格的权威性也日益显现。

3.拓展现货销售和采购渠道

现货市场交易存在的最大问题之一,就是合同兑现率不高,信用风险大。原因主要是交易双方单个、分散签约,缺乏履约的约束力。一方违约,不仅给对方造成损失,而且会形成债务链。期货交易集中竞价,市场组织化和规范化程度高,进场交易的必须是交易所的正式会员,这些会员都经过严格的信用审查,并缴纳一定的履约保证金,加之交易所也负有履约担保的责任,因而使履约有了切实的保障。在现货市场发

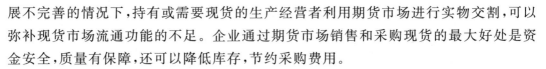

展不完善的情况下,持有或需要现货的生产经营者利用期货市场进行实物交割,可以弥补现货市场流通功能的不足。企业通过期货市场销售和采购现货的最大好处是资金安全,质量有保障,还可以降低库存,节约采购费用。

4.促使企业关注产品质量问题

在市场经济中,提高产品质量、树立企业信誉是企业生存之本。在期货市场中,期货交易品种的交割等级是有统一标准的,其质量、规格等都有严格规定。对不同交割品级的确定,体现了优质优价的市场法则,这对生产企业提高其产品质量起到了促进作用。例如,江西钢业公司的贵冶牌电解铜在上海期货市场一度被评为贴水级,该公司通过一系列改进措施使产品质量大大提高,其产品不但在国内期货市场成为升水交割品,而且也成为我国第一个在伦敦金属交易所注册的交割品牌。沈阳冶炼厂的矿工牌电解铜一度因质量问题被交易所取消注册交割品资格,为此该厂狠抓产品质量,健全质量管理体系,终于使自己的产品重返上海期货交易所。

第三节　期货市场基本制度

为了维护期货交易的"三公"原则,实现期货市场的高效运行,对期货市场实施有效的风险管理,期货交易所制定了相关制度与规则。

本节重点介绍保证金制度、当日无负债结算制度、涨跌停板制度、持仓限额及大户报告制度、强行平仓制度、风险警示制度和信息披露制度等基本制度。

知识点讲解

一、保证金制度

(一)保证金制度的内涵及特点

期货交易实行保证金制度。在期货交易中,期货买方和卖方必须按照其所买卖期货合约价值的一定比例(通常为5%—15%)缴纳保证金,用于结算和保证履约。

在国际期货市场上,保证金制度的实施一般有如下特点:

第一,交易者缴纳的保证金与其面临的风险相对应。一般来说,交易者面临的风险越大,其要求缴纳的保证金也越多。比如,在美国期货市场,投资者缴纳的保证金要多于套期保值者和套利者缴纳的保证金。

第二,交易所根据合约特点设定最低保证金标准,并可根据市场风险状况等调节保证金水平。比如,价格波动越大的合约,其投资者交易面临的风险也越大,设定的最低保证金标准也越高;当投机过度时,交易所可提高保证金比例,增大交易者入市成本,抑制投机行为,控制市场风险。

第三,保证金的收取是分级进行的。一般而言,交易所或结算机构只向其会员收取保证金,作为会员的期货公司则向其客户收取保证金。两者分别称为会员保证金和客户保证金。保证金的分级收取与管理,对期货市场的风险分层次管理与分组管理具有重要意义。

【小贴士】

《上海期货交易所风险控制管理办法》(2015 年 4 月 7 日收盘结算时开始实施)规定,在某一期货合约的交易过程中,当出现下列情况时,交易所可以根据市场风险调整其交易保证金水平:

(1)持仓量达到一定的水平时;

(2)临近交割期时;

(3)连续数个交易日的累计涨跌幅达到一定水平时;

(4)连续出现涨跌停板时;

(5)遇国家法定长假时;

(6)交易所认为市场风险明显增大时;

(7)交易所认为必要的其他情况。

(二)我国期货交易保证金制度的特点

我国期货交易的保证金制度除了采用国际通行的一些做法外,在施行中,还形成了自身的特点。

我国期货交易所对商品期货交易保证金比例的规定呈现如下特点:

第一,对期货合约上市运行的不同阶段规定不同的交易保证金比例。一般来说,距交割月份越近,交易者面临到期交割的可能性就越大,为了防止实物交割中可能出现的违约风险,促使不愿进行实物交割的交易者尽快平仓了结,交易保证金比例随着交割临近而提高。

【小贴士】

《郑州商品交易所风险控制管理办法》(2015 年 6 月 10 日开始实施)规定,各品种的期货合约最低要求保证金标准为 5%,期货合约的交易保证金标准按照该期货合约上市交易的时间分时间段依次管理,各交易时间段内的交易保证金标准见表6-2。

表 6-2　各交易时间段内的交易保证金标准

交易时间段	交易保证金标准
自合约挂牌至交割月前一个月第 15 个日历日期间的交易日	5%
交割月前一个月第 16 个日历日至交割月前一个月最后一个日历日期间的交易日	10%
交割月份	20%

第二,随着合约持仓量的增大,交易所将逐步提高该合约交易保证金比例。一般来说,随着合约持仓量增加,尤其是持仓合约所代表的期货商品的数量远远超过相关商品现货数量时,往往表明期货市场投机交易过多,蕴含较大的风险。因此,随着合约持仓量的增大,交易所将逐步提高该合约的交易保证金比例,以控制市场风险。

【小贴士】

《大连商品交易所风险控制管理办法》(2012 年 8 月 17 日开始实施)规定,随着合约持仓量的增大,交易所将逐步提高该合约交易保证金比例。黄大豆 1 号、豆粕、聚氯乙烯合约持仓量变化时交易保证金收取标准如表 6-3 所示。

表 6-3　黄大豆 1 号、豆粕、聚氯乙烯合约持仓量变化时交易保证金收取标准

合约月份双边持仓总量(N)	交易保证金(元/手)
N≤100 万手	合约价值的 5%
100 万手<N≤150 万手	合约价值的 8%
150 万手<N≤200 万手	合约价值的 9%
200 万手<N	合约价值的 10%

第三,当某期货合约出现连续涨跌停板的情况时,交易保证金比例相应提高。

第四,当某品种某月份合约按结算价计算的价格变化,连续若干个交易日的累积涨跌幅达到一定程度时,交易所有权根据市场情况,对部分或全部会员单边或双边、同比例或不同比例地提高交易保证金,限制部分会员或全部会员出金,暂停部分会员或全部会员开新仓,调整涨跌停幅度,限期平仓或强行平仓,以控制风险。

【小贴士】

《上海期货交易所风险控制管理办法》规定，当某期货合约在某一交易日（该交易日称为 D1 交易日，以下几个交易日分别称为 D2、D3、D4、D5、D6 交易日，D0 交易日为 D1 交易日前一交易日）出现单边市，则该期货合约 D2 交易日涨跌停幅度按下述方法调整：铜、铝、锌、铅、镍、锡、螺纹钢、线材、热轧卷板、黄金、白银、天然橡胶、燃料油和石油沥青期货合约的涨跌停幅度为在 D1 交易日涨跌停幅度的基础上增加 3 个百分点。D1 交易日结算时，该期货合约交易保证金比例按下述方法调整：铜、铝、锌、铅、镍、锡、螺纹钢、线材、热轧卷板、黄金、白银、天然橡胶、燃料油和石油沥青期货合约的交易保证金比例为在 D2 交易日涨跌停幅度的基础上增加 2 个百分点。如果该期货合约调整后的交易保证金比例低于 D0 交易日结算时的交易保证金比例，则按 D0 交易日结算时该期货合约的交易保证金比例收取。

第五，当某期货合约交易出现异常情况时，交易所可按规定的程序调整交易保证金的比例。

在我国，期货交易者交纳的保证金可以是资金，也可以是价值稳定、流动性强的标准仓单或者国债等有价证券。

二、当日无负债结算制度

当日无负债结算制度是指在每个交易日结束后，由期货结算机构对期货交易保证金账户当天的盈亏状况进行结算，并根据结算结果进行资金划转。当交易发生亏损，进而导致保证金账户资金不足时，则要求必须在结算机构规定的时间内向账户追加保证金，以做到"当日无负债"。

当日无负债结算制度的实施为及时调整账户资金、控制风险提供了依据，对控制期货市场风险、维护期货市场的正常运行具有重要作用。呈现如下特点：

第一，对所有账户的交易及头寸按不同品种、不同月份的合约分别进行结算，在此基础上汇总，使每一交易账户的盈亏都能得到及时的、具体的、真实的反映。

第二，在对交易盈亏进行结算时，不仅对平仓头寸的盈亏进行结算，而且对未平仓合约产生的浮动盈亏也进行结算。

第三，对交易头寸所占用的保证金进行逐日结算。

第四，当日无负债结算制度是通过期货交易分级结算体系实施的。由交易所（结算所）对会员进行结算，期货公司根据期货交易所（结算所）的结算结果对客户进行结算。期货交易所会员（客户）的保证金不足时，会被要求及时追加保证金或者自行平仓；否则，其合约将会被强行平仓。

三、涨跌停板制度

(一)涨跌停板制度的内涵

涨跌停板制度又称每日价格最大波动限制制度,即指期货合约在一个交易日中的交易价格波动不得高于或者低于规定的涨跌幅度,超过该涨跌幅度的报价将被视为无效报价,不能成交。

涨跌停板制度的实施,能够有效地减缓、抑制一些由突发性事件和过度投机行为对期货价格的冲击造成的狂涨暴跌,减小交易当日的价格波动幅度,会员和客户的当日损失也被控制在相对较小的范围内。涨跌停板制度能够锁定会员和客户每一交易日所持有合约的最大盈亏,因而为保证金制度和当日无负债结算制度的实施创造了有利条件。因为只要向会员和客户收取的保证金数额大于在涨跌幅度内可能发生的亏损金额,就能够保证当日期货价格波动达到跌停板时也不会出现透支情况。

(二)我国期货涨跌停板制度的特点

在我国期货市场,每日价格最大波动限制设定为合约上一交易日结算价的一定百分比。一般而言,对期货价格波动幅度较大的品种及合约,设定的涨跌停幅度也相应大些。

交易所可以根据市场风险状况对涨跌停幅度进行调整。对涨跌停幅度的调整,一般具有以下特点:

第一,新上市的品种和新上市的期货合约,其涨跌停幅度一般为合约规定涨跌停幅度的两倍或三倍。如合约有成交,则于下一交易日恢复到合约规定的涨跌停幅度;如合约无成交,则下一交易日继续执行前一交易日涨跌停幅度。

> **【小贴士】**
> 《中国金融期货交易所风险控制管理办法》(2016 年 1 月 1 日实施)规定,交易所实行熔断制度和涨跌停板制度。熔断幅度和涨跌停幅度由交易所设定,交易所可以根据市场风险状况调整熔断幅度和涨跌停幅度。

第二,在某一期货合约的交易过程中,当合约价格同方向连续涨跌停、遇国家法定长假,或交易所认为市场风险明显变化时,交易所可以根据市场风险调整其涨跌停幅度。

第三,对同时适用交易所规定的两种或两种以上涨跌停板情形的,其涨跌停板按照规定涨跌停板中的最高值确定。

在出现涨跌停板情形时,交易所一般将采取如下措施控制风险:

第一,当某期货合约以涨跌停板价格成交时,成交撮合实行平仓优先和时间优先的原则,但平仓当日新开仓位不适用平仓优先的原则。

第二,在某合约连续出现涨跌停板单边无连续报价时,实行强制减仓。当合约出现连续涨跌停板的情形时,空头(多头)交易者会因为无法平仓而出现大规模、大面积亏损,并可能因此引发整个市场的风险,实行强制减仓正是为了避免此类现象的发生。实行强制减仓时,交易所将当日以涨跌停板价格申报的未成交平仓报单,以当日涨跌停板价格与该合约净持仓盈利客户按照持仓比例自动撮合成交。

【小贴士】

涨跌停板单边无连续报价也称为单边市,一般是指某一期货合约在某一交易日收盘前 5 分钟内出现只有停板价位的买入(卖出)申报、没有停板价位的卖出(买入)申报,或者一有卖出(买入)申报就成交,但未打开停板价位的情况。

四、持仓限额及大户报告制度

(一)持仓限额及大户报告制度的内涵及特点

持仓限额制度是指交易所规定会员或客户可以持有的、按单边计算的某一合约投资头寸的最大数额。大户报告制度是指当交易所会员或客户某品种某合约持仓达到交易所规定的持仓报告标准时,会员或客户应向交易所报告。

实施持仓限额及大户报告制度可以使交易所对持仓量较大的会员或客户进行重点监控,了解其持仓动向、意图,有效防范操纵市场价格的行为;同时,也可以防范期货市场风险过度集中于少数投资者。

在国际期货市场,持仓限额及大户报告制度的实施呈现如下特点:

第一,交易所可以根据不同期货品种及合约的具体情况和市场风险状况制订和调整持仓限额和持仓报告标准。

第二,通常来说,一般月份合约的持仓限额及持仓报告标准高;临近交割时,持仓限额及持仓报告标准低。

第三,持仓限额通常只针对一般投资头寸,套期保值头寸、风险管理头寸及套利头寸可以向交易所申请豁免。

(二)我国期货持仓限额及大户报告制度的特点

在我国大连商品交易所、郑州商品交易所和上海期货交易所,对持仓限额及大户报告标准的设定一般有如下规定:

第一,交易所可以根据不同期货品种的具体情况,分别确定每一品种每一月份的限仓数额及大户报告标准。

第二,当会员或客户某品种持仓合约的投资头寸达到交易所对其规定的投资头寸持仓限量的 80% 及以上时,会员或客户应向交易所报告其资金情况、头寸情况等,客户须通过期货公司会员报告。

第三,市场总持仓量不同,适用的持仓限额及持仓报告标准不同。当某合约市场总持仓量大时,持仓限额及持仓报告标准设置得高一些;反之,当某合约市场总持仓量小时,持仓限额及持仓报告标准设置得低一些。

第四,一般按照各合约在交易全过程中所处的不同时期,分别确定不同的限仓数额。比如,一般月份合约的持仓限额及持仓报告标准设置得高;临近交割时,持仓限额及持仓报告标准设置得低。

第五,期货公司会员、非期货公司会员、一般客户分别适用不同的持仓限额及持仓报告标准。

在具体实施中,我国还有如下规定:采用限制会员持仓和限制客户持仓相结合的办法,控制市场风险;各交易所对套期保值交易头寸实行审批制,其持仓不受限制,而在中国金融期货交易所,套期保值和套利交易的持仓均不受限制;同一客户在不同期货公司会员处开仓交易,其在某一合约持仓合计不得超出该客户的持仓限额;会员、客户持仓达到或者超过持仓限额的,不得同方向开仓交易。

五、强行平仓制度

(一)强行平仓制度的内涵

强行平仓是指按照有关规定对会员或客户的持仓实行平仓的一种强制措施,其目的是控制期货交易风险。强行平仓分为两种情况:一是交易所对会员持仓实行的强行平仓;二是期货公司对客户持仓实行的强行平仓。

强行平仓制度适用的情形一般包括:

第一,因账户交易保证金不足而实行强行平仓。这是最常见的情形。

当价格发生不利变动,当日结算后出现保证金账户资金不足以维持现有头寸的情况,而会员(客户)又未能按照期货交易所(期货公司)通知及时追加保证金或者主动减仓,且市场行情仍朝其持仓不利的方向发展时,期货交易所(期货公司)强行平掉会员(客户)部分或者全部头寸,将所得资金填补保证金缺口。强行平仓制度的实施,有利于避免账户损失扩大,通过控制个别账户的风险,有力地防止风险扩散,是种行之有效的风险控制措施。

第二,因会员(客户)违反持仓限额制度而实行强行平仓。即超过了规定的持仓限额,且并未在期货交易所(期货公司)规定的期限内自行减仓,其超出持仓限额的部分头寸将会被强行平仓。强行平仓成为超出限额制度的有力补充。

(二)我国期货强行平仓制度的规定

我国期货交易所规定,当会员、客户出现下列情形之一时,交易所、期货公司有权对其持仓进行强行平仓:

(1)会员结算准备金余额小于零,并未能在规定时限内补足的。

（2）客户、从事自营业务的交易会员持仓量超出其限仓规定。

（3）因违规受到交易所强行平仓处罚的。

（4）根据交易所的紧急措施应予强行平仓的。

（5）其他应予强行平仓的。

强行平仓的执行过程如下：

（1）通知。交易所以"强行平仓通知书"（以下简称通知书）的形式向有关会员下达强行平仓要求。

（2）执行及确认。

①开市后，有关会员必须首先自行平仓，直至达到平仓要求，执行结果由交易所审核。

②超过会员自行强行平仓时限而未执行完毕的，剩余部分由交易所直接执行强行平仓。

③强行平仓执行完毕后，由交易所记录执行结果并存档。

④强行平仓结果发送。

在我国，期货公司有专门的风险控制人员实时监督客户的持仓风险，当客户除保证金外的可用资金为负值时，期货公司会通知客户追加保证金或自行平仓。如果客户没有自己处理，而价格又朝不利于持仓的方向继续变化，各期货公司会根据具体的强行平仓标准，对客户进行强行平仓。

六、风险警示制度

风险警示制度是指交易所在必要时可以分别或同时采取报告情况、谈话提醒、书面警示、发布公告等措施中的一种或多种，以警示或化解风险。

七、信息披露制度

信息披露制度是指期货交易所按有关规定公布期货交易有关信息的制度。

我国《期货交易管理条例》规定，期货交易所应当及时公布上市品种合约的成交量、成交价、持仓量、最高价与最低价、开盘价与收盘价和其他应当公布的即时行情，并保证即时行情的真实、准确。期货交易所不得发布价格预测信息。未经期货交易所许可，任何单位和个人不得发布期货交易即时行情。

《期货交易所管理办法》规定，期货交易所应当以适当方式发布下列信息：（1）即时行情；（2）持仓量、成交量排名情况；（3）期货交易所交易规则及其实施细则规定的其他信息。期货交易涉及商品实物交割的，期货交易所还应当发布标准仓单数量和可用库容情况。期货交易所应当编制交易情况周报表、月报表和年报表，并及时公布。期货交易所对期货交易、结算、交割资料的保存期限应当不少于20年。

【小贴士】美国交易者持仓报告(Commitments of Trade Reports,简称COT Report)

美国交易者持仓报告是由美国商品期货交易委员会(CFTC)于美国东部时间每周五 15：30 公布的当周二的持仓报告,其中披露了含 20 个以上(包括 20 个)超过美国商品期货交易委员会持仓报告标准的交易者的市场持仓数据。持仓报告有"简短"(Short Format)和"详细"(Long Format)两种。其中"简短"格式将未平仓合约分为"须报告头寸"(Reportable Position)和"不须报告头寸"(Nonreportable Positions)两类。其中"须报告头寸"是指达到或超过 CFTC 规定的持仓报告标准的头寸。对于这类头寸,另外提供了关于"商业"(Commercial)和"非商业"(Noncommercial)持有情况、套利、与前次报告相比的增减变化、各类持仓所占百分比、交易商数量的数据。其中商业性交易者是指以规避风险为目的的交易者,如大跨国公司、大进出口公司等;非商业性交易者主要是指进行投资的基金组织等;不须报告头寸多数是一些比较小的交易者的头寸。

"详细"格式在前者基础上增加了按作物年度分类的数据、4 个和 8 个最大交易商的头寸集中程度。商业持仓主要是指套期保值的头寸。

补充报告披露了选出的 12 个农产品期货中,商业性交易者、非商业性交易者及指数交易者的期货和期权头寸总量。

课后思考题

(1)请说明期货交易与现货交易的区别。

(2)请说明期货交易与远期交易的联系。

(3)请举例说明期货的功能。

(4)期货合约在选择时要考虑哪些因素?

(5)期货市场的主要制度有哪些?

(6)有人说,利用期货合约可以进行套期保值,因此降低了投资者的交易风险;但也有人说,期货是"盯市操作",通过保证金交易"以小博大"从而放大了投资者的交易风险。你认为哪种说法正确? 为什么?

课后习题讲解

第七章 大宗商品贸易套期保值

导入案例

2021 年,国内期货衍生品市场迎来上市公司"扎堆"套期保值。据不完全统计,2021 年共 1009 家上市公司公告使用期货和衍生工具,新加入的有 284 家。据统计,2021 年 A 股上市公司发布套期保值管理制度、业务开展等相关公告 1188 份,2022 年上半年已达 928 份,增长迅速。

导入案例讲解

"近 10 年来,深圳市共有约 500 家公司开展过套期保值业务,其中,连续开展套期保值业务的公司平均收益水平要高于同行。"据深圳证券交易所副总经理李鸣钟介绍,在深圳市 2647 家上市公司中,近七成为制造业企业,1/4 的公司海外业务收入占比超过 20%。这些公司商品进出口量、流通量较大,受大宗商品价格、汇率波动等因素的影响也较大。利用期货市场进行套期保值逐渐成为市场共识,越来越多的公司开始利用期货及衍生工具,应对原料价格上涨、库存品贬值、产成品跌价、汇率波动等方面的风险。

案例思考

为什么上市公司积极进行套期保值?套期保值是否有利于提升上市公司估值水平?

第一节 套期保值概述

规避风险是期货市场的基本功能之一,是通过套期保值操作来实现的。本章将着重介绍套期保值的定义、种类和应用,解释影响套期保值效果的因素以及套期保值操作的注意事项。同时,根据套期保值实践的发展,本章对套期保值操作的一些扩展知识也将加以介绍。

知识点讲解

一、套期保值的定义

企业经营会面临各种风险,如价格风险、政治风险、法律风险、操作风险、信用风险等。面对风险,企业可以选择消极躲避风险、预防风险、分散风险、转移风险等多种手段管理风险。其中,转移风险是指一些企业或个人为避免承担风险损失,而有意识地将损失或与损失有关的财务后果转移给另一些企业或个人去承担的一种风险管理方式,比较典型的就是保险。

套期保值本质上也是一种转移风险的方式,是由企业通过买卖衍生工具,将风险转移给其他交易者。套期保值活动主要转移的是价格风险和信用风险。价格风险主要包括商品价格风险、利率风险、汇率风险和股票价格风险等,是企业经营中最常见的风险。在本章中,我们将重点讨论套期保值是如何转移价格风险的。

套期保值,又称避险、对冲等。广义上的套期保值是指企业在一个或一个以上的工具上进行交易,预期全部或部分对冲其生产经营中所面临的价格风险的方式。在该定义中,套期保值交易选取的工具是比较广的,主要有期货、期权、远期、互换等衍生工具,以及其他可能的非衍生工具。

本教材主要讨论期货的套期保值。它是企业通过持有与其现货市场头寸相反的期货合约,或将期货合约作为其现货市场未来要进行的交易的替代物,来对冲价格风险的方式。企业通过套期保值,可以降低价格风险对企业经营活动的影响,实现稳健经营。

二、套期保值的实现条件

套期保值的核心是"风险对冲",也就是使期货工具的盈亏与被套期保值项目的盈亏形成一种相互冲抵的关系,从而规避因价格变动带来的风险。

利用期货工具进行套期保值操作,要实现"风险对冲",必须具备以下条件:

第一,期货品种及合约数量的确定应保证期货与现货头寸的价值变动大体相当。由于受相近的供求等关系的影响,同一品种的期货价格和现货价格之间通常具有较高的相关性,期货价格与现货价格变动趋势通常相同且变动幅度相近。这为实现套期保值提供了前提条件。

如果存在与被套期保值的商品或资产相同的期货品种,并且期货价格和现货价格满足趋势相同且变动幅度相近的要求,企业可选择与其现货数量相当的期货合约数量进行套期保值。此时,套期保值比率(即套期保值中期货合约所代表的数量与被套期保值的现货数量之间的比率)为1。

如果不存在与被套期保值的商品或资产相同的期货合约,企业可以选择其他相关期货合约进行套期保值,选择的期货合约头寸的价值变动应与实际的、预期的现货头寸的价值变动大体上相当。这种选择与被套期保值商品或资产不相同但相关的期货合约进行的套期保值,称为交叉套期保值。一般来说,被选择作为替代物的期货品种最好是该现货商品或资产的替代品,相互替代性越强,交叉套期保值交易的效果就会越好。

第二,期货头寸应与现货头寸相反,或作为现货市场未来要进行的交易的替代物。现货头寸可以分为多头和空头两种情况。当企业持有实物商品或资产,或者已按固定价格约定在未来购买某商品或资产时,该企业处于现货的多头。例如,榨油厂持有豆油库存或券商持有股票组合,都属于现货多头的情形。还有,某建筑企业已与某钢材贸易商签订购买钢材的合同,确立了价格,但尚未实现交收的情形也属于现货的多头。当企业已按某固定价格约定在未来出售某商品或资产,但尚未持有实物商品或资产时,该企业处于现货的空头。例如,某钢材贸易商与某房地产商签订合同,约定在 3 个月后按某价格提供若干吨钢材,但手头尚未有钢材现货的,该钢材贸易商就处于现货的空头。

当企业处于现货多头时,企业在套期保值时要在期货市场建立空头头寸,即卖空。当处于现货空头情形时,企业要在期货市场建立多头头寸进行套期保值。

不过,有时企业在现货市场既不是多头,也不是空头,而是计划在未来买入或卖出某商品或资产。这种情形也可以进行套期保值,在期货市场建立的头寸是作为现货市场未来要进行的交易的替代物。此时,期货市场建立的头寸方向与未来要进行的现货交易的方向是相同的。例如,某榨油厂预计下个季度将生产豆油 6000 吨,为了规避豆油价格下跌的风险,对这批未来要出售的豆油进行套期保值,卖出豆油期货合约。其在期货市场建立的空头头寸是现货市场未来出售的豆油的替代物。

第三,期货头寸持有的时间段要与现货市场承担风险的时间段对应起来。当企业不再面临现货价格波动风险时,应该将套期保值的期货头寸进行平仓,或者通过到期交割的方式同时将现货头寸和期货头寸进行了结。例如,某钢材贸易商持有一批钢材现货,然后通过在期货市场卖空进行套期保值。一旦该贸易商出售了该批钢材,便不再承担该批钢材价格变动的风险,此时企业应同时将期货空头头寸平仓。该贸易商也可以持有期货合约到期进行交割,以实物交收的方式将持有的钢材在期货市场卖出,同时了结现货和期货头寸。

如果企业的现货头寸已经了结,但仍保留着期货头寸,那么其持有的期货头寸就变成了投资性头寸;如果将期货头寸提前平仓,那么企业的现货头寸将处于风险暴露状态。

具备以上 3 个条件,意味着期货市场盈亏与现货市场盈亏之间构成了冲抵关系,可以降低企业面临的价格风险,商品或资产价格波动对企业的生产经营活动的影响将会减小。例如,某粮商对于其将有的小麦库存进行套期保值,卖出与其数量相当的小麦期货合约。当小麦价格下跌时,期货头寸盈利,现货头寸亏损,两者冲抵,从而起到风险对冲作用。如果小麦价格上涨,期货头寸亏损,现货头寸盈利,两者仍构成冲抵关系,同样起到风险对冲作用。

三、套期保值者

套期保值者是指通过持有与其现货市场头寸相反的期货合约,或将期货合约作为其现货市场未来要进行的交易的替代物,以期对冲现货市场价格风险的机构和个人。他们可以是生产者、加工者、贸易商和消费者,也可以是银行、券商、保险公司等金融机构。

一般来说,套期保值者具有的特点是:(1)生产、经营或投资活动面临较大的价格风险,直接影响其收益或利润的稳定性。(2)避险意识强,希望利用期货市场规避风险,而不是像投资者那样通过承担价格风险获取收益。(3)生产、经营或投资规模通常较大,且具有一定的资金实力和操作经验,一般来说规模较大的机构和个人比较适合做套期保值。(4)在套期保值操作上,所持有的期货合约头寸方向比较稳定,且保留时间长。

四、套期保值的种类

套期保值的目的是回避价格波动风险,而价格的变化无非下跌和上涨两种情形。与之对应,套期保值分为两种:一种用来回避未来某种商品或资产价格下跌的风险,称为卖出套期保值;另一种用来回避未来某种商品或资产价格上涨的风险,称为买入套期保值。两种套期保值的区别如表 7-1 所示。

卖出套期保值,又称空头套期保值,是指套期保值者通过在期货市场建立空头头寸,预期对冲其目前持有的或者未来将卖出的商品或资产的价格下跌风险的操作。

买入套期保值,又称多头套期保值,是指套期保值者通过在期货市场建立多头头寸,预期对冲其现货商品或资产空头,或者未来将买入的商品或资产的价格上涨风险的操作。

表 7-1　卖出套期保值与买入套期保值的区别

套期保值种类	市场		目的
	现货市场	期货市场	
卖出套期保值	现货多头或未来要卖出现货	期货空头	防范现货市场价格下跌风险
买入套期保值	现货空头或未来要买入现货	期货多头	防范现货市场价格上涨风险

第二节　套期保值的应用

本节将通过具体案例进一步阐释卖出套期保值和买入套期保值的应用。需说明的是，虽然套期保值是在期货市场和现货市场建立风险对冲关系，但在实际操作中，两个市场涨跌的幅度并不完全相同，因而不一定能保证盈亏完全冲抵。但为了便于读者理解套期保值的实质，本节的案例进行了简化处理，即假设两个市场价格变动幅度完全相同。对于价格变动幅度不同的情形，将在下节做进一步讨论。

知识点讲解

另外，无论对于商品还是金融资产来说，套期保值的基本原理都是适用的。关于金融期货的套期保值将在后面章节中做讲解，因此，在本章中均以商品期货为例。

一、卖出套期保值的应用

卖出套期保值的操作主要适用于以下情形：

第一，持有某种商品或资产（此时持有现货多头头寸），担心市场价格下跌，使其持有的商品或资产市场价值下降，或者其销售收益下降。

第二，已经按固定价格买入未来交收的商品或资产（此时持有现货多头头寸），担心市场价格下跌，使其商品或资产市场价值下降或其销售收益下降。

第三，预计在未来要销售某种商品或资产，但销售价格尚未确定，担心市场价格下跌，使其销售收益下降。

表 7-2 显示，10 月初，某地玉米现货价格为 1710 元/吨。当地某农场预计年产玉米 5000 吨。该农场对当前价格比较满意，但担心待新玉米上市后，销售价格可能会下跌，该农场决定进行套期保值交易。当日卖出 500 手（每手 10 吨）第二年 1 月份交割的玉米期货合约进行套期保值，成交价格为 1680 元/吨。到了 11 月，随着新玉米的大量上市，以及养殖业对玉米需求疲软，玉米价格开始大量下滑。该农场将收获的 5000 吨玉米进行销售，平均价格为 1450 元/吨，与此同时将期货合约买入平仓，平仓价格为 1420 元/吨。

表 7-2　卖出套期保值案例（价格下跌情形）

时间	市场	
	现货市场	期货市场
10 月 5 日	市场价格 1710 元/吨	卖出第二年 1 月份玉米期货合约，1680 元/吨
11 月 5 日	平均售价 1450 元/吨	买入平仓玉米期货合约，1420 元/吨
盈亏	亏损 260 元/吨	盈利 260 元/吨

在该例子中,该农场通过在期货市场建立一个替代性的头寸,即空头头寸,进行卖出套期保值操作,来规避价格下跌风险。由于现货玉米价格下跌,该农场在玉米收获时,每吨玉米少赚 260 元,可视为现货市场亏损 260 元/吨。而期货空头头寸因价格下跌获利 260 元/吨,现货市场的亏损完全被期货市场的盈利对冲。通过套期保值操作,该农场玉米的实际售价相当于 1450＋260＝1710 元/吨,即与 10 月初计划进行套期保值操作时的现货价格相等。套期保值使农场不再受未来价格变动不确定性的影响,保持了经营的稳定性。如果该农场不进行套期保值,价格下跌将导致收益减少 260 元/吨,也将减少农场的利润,甚至会导致亏损。

在该例子中,我们还可以考虑市场朝着相反的方向变化,即价格出现上涨的情形。假设经过一个月后,现货价格涨至 1950 元/吨,期货价格涨至 1920 元/吨。

表 7-3　卖出套期保值案例(价格上涨情形)

时间	市场	
	现货市场	期货市场
10 月 5 日	市场价格 1710 元/吨	卖出第二年 1 月份玉米期货合约,1680 元/吨
11 月 5 日	平均售价 1950 元/吨	买入平仓玉米期货合约,1920 元/吨
盈亏	盈利 240 元/吨	亏损 240 元/吨

在这种情形下,因价格上涨,该农场玉米现货销售收益增加 240 元/吨,但这部分现货的盈利被期货市场的亏损对冲。通过套期保值,该农场玉米的实际售价仍为 1950－240＝1710 元/吨,与最初计划套期保值时的现货价格相同。在该例子中,该农场似乎不进行套期保值操作会更好些,因为可以实现投资性的收益 240 元/吨。但需要注意的是,农场参与套期保值操作的目的是规避价格不利变化导致的风险,而非获取投资性收益。事实上,套期保值操作在规避风险的同时,也放弃了获取投资性收益的机会。如果农场不进行套期保值,虽然可以在价格有利变化时获取投资性收益,但也要承担价格不利变化时的风险,这将增加其经营结果的不确定性。

二、买入套期保值的应用

买入套期保值的操作,主要适用于以下情形:

第一,预计在未来要购买某种商品或资产,购买价格尚未确定时,担心市场价格上涨,使其购入成本提高。

第二,目前尚未持有某种商品或资产,但已按固定价格将该商品或资产卖出(此时处于现货空头头寸),担心市场价格上涨,影响其销售收益或者采购成本。例如,某商品的生产企业,已按固定价格将商品销售,那么待商品生产出来后,其销售收益就不能随市场价格上涨而增加。再例如,某商品的经销商,已按固定价格将商品销售,待其采购该商品时,价格上涨会使其采购成本提高。这都会使企业面临风险。

第三,按固定价格销售某商品的产成品及其副产品,但尚未购买该商品进行生产(此时处于现货空头头寸),担心市场价格上涨,购入成本提高。例如,某服装厂已签订销售合同,按某价格卖出一批棉质服装,但尚未开始生产。若之后棉花价格上涨,其要遭受成本上升的风险。

如表 7-4 所示,某一铝型材厂的主要原料是铝锭,某年 3 月初铝锭的现货价格为 16430 元/吨。该厂计划 5 月份使用 600 吨铝锭。由于目前库存已满且能满足当前生产使用,如果现在购入,要承担仓储费和资金占用成本,而如果等到 5 月份购买,可能面临价格上涨风险。于是该厂决定进行铝的买入套期保值。3 月初,该厂以 17310 元/吨的价格买入 120 手(每手 5 吨)6 月份到期的铝期货合约。到了 5 月初,现货市场铝锭价格上涨至 17030 元/吨,期货价格涨至 17910 元/吨。此时,该铝型材厂按照现货价格购入 600 吨铝锭,同时将期货多头头寸对冲平仓,结束套期保值。

表 7-4 买入套期保值案例(价格上涨情形)

时间	市场	
	现货市场	期货市场
3 月初	市场价格 16430 元/吨	买入 6 月份铝期货合约,17310 元/吨
5 月初	平均售价 17030 元/吨	卖出平仓铝期货合约,17910 元/吨
盈亏	亏损 600 元/吨	盈利 600 元/吨

在该案例中,该铝型材厂在过了 2 个月后以 17030 元/吨的价格购进铝锭,与 3 月初的 16430 元/吨的价格相比高出 600 元/吨,相当于亏损 600 元/吨。但在期货交易中盈利 600 元/吨,同时与现货市场的亏损相对冲。通过套期保值,该铝型材厂实际购买铝锭的成本为 17030−600＝16430 元/吨,与 3 月初现货价格水平完全一致,相当于将 5 月初要购买的铝锭价格锁定在 3 月初的水平,完全回避了铝锭价格上涨的风险。如果不进行套期保值,该企业将遭受每吨铝锭成本上涨 600 元的损失,影响其生产利润。

假如 5 月初铝锭的价格不涨反跌,现货、期货都下跌了 600 元/吨,则铝型材厂的套期保值结果见表 7-5。

表 7-5 买入套期保值案例(价格下跌情形)

时间	市场	
	现货市场	期货市场
3 月初	市场价格 16430 元/吨	买入 6 月份铝期货合约,17310 元/吨
5 月初	平均售价 15830 元/吨	卖出平仓铝期货合约,16710 元/吨
盈亏	盈利 600 元/吨	亏损 600 元/吨

在这种情形下,因价格下跌,该铝型材厂铝锭购入成本下降 600 元/吨,但这部分现

货的盈利被期货市场的亏损对冲。通过套期保值，该铝型材厂铝锭实际的采购价为15830＋600＝16430元/吨，与3月初计划套期保值时的现货价格相同。在该例子中，该铝型材厂似乎不进行套期保值操作会更好些，因为可以实现投资性的收益600元/吨。但需要注意的是，铝型材厂参与套期保值操作的目的是规避价格不利变化导致的风险，而非获取投资性收益。事实上，套期保值操作在规避风险的同时，也放弃了获取投资性收益的机会。如果该铝型材厂不进行套期保值，虽然可以在价格有利变化时获取投资性收益，但也要承担价格不利变化时的风险，这将增加其经营结果的不确定性。

第三节　基差与套期保值效果

一、完全套期保值与不完全套期保值

在第二节中，我们所举的卖出和买入套期保值的例子，均是假设在套期保值操作过程中，期货头寸盈（亏）与现货头寸亏（盈）幅度是完全相同的，两个市场的盈亏是完全冲抵的，这种套期保值被称为完全套期保值或理想套期保值。

知识点讲解

事实上，盈亏完全冲抵是一种理想化的情形，现实中套期保值操作的效果更可能是不完全套期保值或非理想套期保值，即两个市场盈亏只是在一定程度上相抵，而非刚好完全相抵。导致不完全套期保值的原因主要有：

第一，期货价格与现货价格变动幅度并不完全一致。在相同或相近的价格变动影响因素的作用下，同一商品在期货市场和现货市场的价格走势整体是趋同的，但受到季节等各种因素的影响，两个市场价格变动程度可能存在不一致。例如，农产品在收获季节即将来临时，期货价格受预期供给大量增加因素影响，其价格下跌幅度往往会大于现货市场价格下跌幅度，或者其价格上涨幅度往往会小于现货价格上涨幅度，从而导致两个市场价格虽整体趋同，但变动程度存在差异。如果卖出套期保值，可能出现现货市场亏损小于期货市场盈利，或者现货市场盈利大于期货市场亏损的情形，盈亏冲抵之后还存在一定的净盈利。

第二，由于期货合约标的物可能与套期保值者在现货市场上交易的商品等级存在差异，当不同等级的商品在供求关系上出现差异时，虽然两个市场价格变动趋势相近，但在变动程度上会出现差异性。

第三，期货市场建立的头寸数量与被套期保值的现货数量之间存在差异时，即使两个市场价格变动幅度完全一致，也会出现两个市场盈亏不一致的情况。这主要是由于每张期货合约代表一定数量的商品，例如5吨或10吨，交易时必须是其整数倍。而现货市场涉及的头寸有可能不是期货合约交易单位的整数倍，这就导致两个市场

数量上的差异,从而影响两个市场盈亏相抵的程度。

第四,因缺少对应的期货品种,一些加工企业无法直接对其所加工的产成品进行套期保值,只能利用其使用的初级产品的期货品种进行套期保值,由于初级产品和产成品之间在价格变化上存在一定的差异性,从而导致不完全套期保值。例如,电线电缆企业若想对电线、电缆等产成品套期保值,只能利用其生产所使用的初级产品——阴极铜期货来实现。初级产品价格是其产成品价格的主要构成因素,两者之间存在一定的同方向变化的关系,套期保值操作可以起到对冲风险的作用。但是,影响产成品价格构成的还有其他因素,例如人工成本、水电成本等,这会导致两者的价格在变动程度上存在一定差异性,从而影响套期保值的效果。

二、基差概述

在导致不完全套期保值的原因中,现货市场和期货市场价格变动幅度的不完全一致是最常见的情形。在此,我们将引入基差的概念,详细分析两个市场价格变动幅度不完全一致与套期保值效果之间的关系。

(一)基差的概念

基差是某一特定地点某种商品或资产的现货价格与相同商品或资产的某一特定期货合约价格间的价差。用公式可表示为:基差＝现货价格－期货价格。例如,11月,美国2号小麦离岸价(FOB,Free on Board,即指定港船上交货价格)对美国芝加哥期货交易所(CBOT)12月小麦期货价格的基差为"＋55美分/蒲式耳",这意味着品质为2号的小麦在美国交货的价格要比CBOT 12月小麦期货价格高出55美分/蒲式耳。

不同的交易者,由于关注的商品品质不同,参考的期货合约月份不同,以及现货地点不同,所关注的基差也会不同。例如,某小麦交易商因为在5月份的CBOT小麦期货合约上进行了套期保值交易,所以他关心的基差就是相对于5月份的CBOT小麦期货合约的基差。

(二)影响基差的因素

基差的大小主要受到以下因素的影响:

第一,时间差价。距期货合约到期时间长短,会影响持仓费的高低,进而影响基差值的大小。持仓费,又称持仓成本,是指为拥有或保留某种商品、资产等而支付的仓储费、保险费和利息等费用的总和。持仓费高低与期货合约到期时间长短有关,距交割时间越近,持仓费越低。理论上,当期货合约到期时,持仓费会减小到零,基差也将变为零。

第二,品质差价。由于期货价格反映的是标准品级的商品的价格,如果现货实际交易的品质与交易所规定的期货合约的品级不一致,则该基差的大小就会反映这种品质差价。

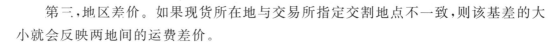

第三,地区差价。如果现货所在地与交易所指定交割地点不一致,则该基差的大小就会反映两地间的运费差价。

(三)基差与正反向市场

当不存在品质价差和地区价差的情况下,期货价格高于现货价格或者远期期货合约大于近期期货合约时,这种市场状态称为正向市场。此时基差为负值。当现货价格高于期货价格或者近期期货合约大于远期期货合约时,这种市场状态称为反向市场,或者逆转市场。此时基差为正值。

正向市场主要反映了持仓费。持仓费与期货价格、现货价格之间的关系可通过下面的例子来说明:假定某企业在 3 个月后需要某种商品,它可以有两种选择,一是立即买入 3 个月后交割的该商品的期货合约,一直持有并在合约到期时交割;二是立即买入该种商品的现货,将其储存 3 个月后使用。买入期货合约本身除要缴纳保证金而产生资金占用成本外,不需要更多的成本。而买入现货意味着必须支付从购入商品到使用商品期间的仓储费、保险费以及资金占用的利息成本。如果期货价格与现货价格相同,很显然企业都会选择在期货市场而不愿意在现货市场买入商品,这会造成买入期货合约的需求增加,现货市场的需求减少,从而使期货价格上升、现货价格下降,直至期货合约的价格高出现货价格的部分与持仓费相同,这时企业选择在期货市场还是在现货市场买入商品是没有区别的。因此,在正向市场中,期货价格高出现货价格的部分与持仓费的高低有关,持仓费体现的是期货价格形成中的时间价值。持仓费的高低与持有商品的时间长短有关,一般来说,距离交割的期限越近,持有商品的成本就越低,期货价格高出现货价格的部分就越少。当交割月到来时,持仓费将降至零,期货价格和现货价格将趋同。

反向市场的出现主要有两个原因:一是近期对某种商品或资产需求非常迫切,远大于近期产量及库存量,使现货价格大幅度增减,高于期货价格;二是预计将来该商品的供给会大幅度增加,导致期货价格大幅度下降,低于现货价格。反向市场的价格关系并非意味着现货持有者没有持仓费的支出,只要持有现货并储存到未来某一时期,仓储费、保险费、利息成本的支出就是必不可少的。只不过在反向市场,由于市场对现货及近期月份合约需求迫切,购买者愿意承担全部持仓费来持有现货而已。在反向市场上,随着时间的推进,现货价格与期货价格如同在正向市场上一样,会逐步趋同,到交割期即趋向一致。

(四)基差的变动

由于受到相近的供求因素的影响,期货价格和现货价格表现出相同趋势。但由于供求因素对现货市场、期货市场的影响程度不同,两者的变动幅度不尽相同,因而计算出来的基差也在不断变化中,我们常用"走强"或"走弱"来评价基差的变化。

基差变大,称为"走强"。基差走强常见的情形有:现货价格涨幅超过期货价格涨幅,以及现货价格跌幅小于期货价格跌幅。这意味着,相对于期货价格表现而言,现货价格走势相对较强。例如,1 月 10 日,小麦期货价格为 800 美分/蒲式耳,现货价格为 790 美分/蒲式耳,此时基差为－10 美分/蒲式耳。至 1 月 15 日,小麦期货价格上涨 100 美分/蒲式耳至 900 美分/蒲式耳,现货价格上涨 105 美分/蒲式耳至 895 美分/蒲式耳,此时基差为－5 美分/蒲式耳。该期间基差的变化就属于走强的情形。如果基差从－2 美分/蒲式耳变为＋4 美分/蒲式耳,或者从＋5 美分/蒲式耳变为＋10 美分/蒲式耳均属于走强的情形。3 种基差走强的情形见图 7-1。

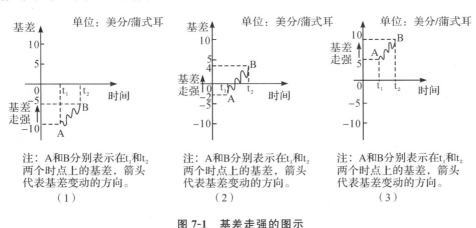

图 7-1　基差走强的图示

基差变小,称为"走弱"。基差走弱常见的情形有:现货价格涨幅小于期货价格涨幅,以及现货价格跌幅超过期货价格跌幅。这意味着,相对于期货价格表现而言,现货价格走势相对较弱。例如,1 月 10 日小麦期货价格为 800 美分/蒲式耳,现货价格为 795 美分/蒲式耳,此时基差为－5 美分/蒲式耳。至 1 月 15 日,小麦期货价格下跌 100 美分/蒲式耳至 700 美分/蒲式耳,现货价格下跌 105 美分/蒲式耳至 690 美分/蒲式耳,此时基差为－10 美分/蒲式耳。该期间基差的变化就属于走弱的情形。如果基差从＋10 美分/蒲式耳变为＋5 美分/蒲式耳,或者从＋4 美分/蒲式耳变为－2 美分/蒲式耳,均属于走弱的情形。3 种基差走弱的情形见图 7-2。

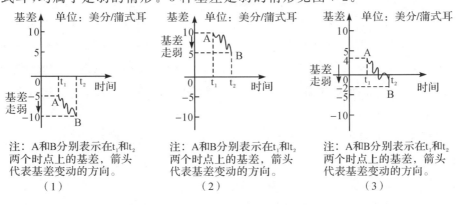

图 7-2　基差走弱的图示

三、基差变动与套期保值效果

期货价格与现货价格趋同的走势并非每时每刻保持完全一致,标的物现货价格与期货价格之间的价差(即基差)也呈波动性,因此在一定程度上会使套期保值效果存在不确定性。但与单一的现货价格波动幅度相比,基差的波动相对要小,并且基差的变动可通过对持仓费、季节等因素进行分析来预测。套期保值的实质是用较小的基差风险代替较大的现货价格风险。

下面我们将通过卖出套期保值和买入套期保值的案例来说明基差变动与套期保值效果之间的关系。

(一)基差变动与卖出套期保值

例:5月初某糖厂与饮料厂签订销售合同,约定将在8月初销售100吨白糖,价格按交易时的市价计算。5月初白糖现货价格为5500元/吨。该糖厂担心未来糖价会下跌,于是卖出10手(每手10吨)的9月份白糖期货合约,成交价格为5800元/吨。至8月初交易时,现货价跌至每吨5000元/吨,与此同时,期货价格跌至5200元/吨。该糖厂按照现货价格出售100吨白糖,同时按照期货价格将9月份白糖期货合约对冲平仓。

表7-6　卖出套期保值案例(基差走强情形)

时间	市场		基差
	现货市场	期货市场	
5月初	市场价格5500元/吨	卖出9月份白糖期货合约,5800元/吨	−300元/吨
8月初	卖出价格5000元/吨	买入平仓白糖期货合约,5200元/吨	−200元/吨
盈亏	亏损500元/吨	盈利600元/吨	走强100元/吨

在该案例中,由于现货价格下跌幅度小于期货价格下跌幅度,基差走强100元/吨。期货市场盈利600元/吨,现货市场亏损500元/吨,两者相抵后存在净盈利100元/吨。通过套期保值,该糖厂白糖的实际售价相当于:现货市场实际销售价格＋期货市场每吨盈利＝5000＋600＝5600元。该价格比5月初的5500元/吨的现货价格还要高100元/吨。而这100元/吨,正是基差走强的变化值。这表明,进行卖出套期保值,如果基差走强,两个市场盈亏相抵后存在净盈利100元/吨,它可以使套期保值者获得一个更为理想的价格。

例:5月初某地钢材价格为4380元/吨。某经销商目前持有5000吨钢材存货尚未出售。为了防范钢材价格下跌风险,该经销商卖出500手(每手10吨)11月份螺纹钢期货合约进行套期保值,成交价格为4800元/吨。到了8月初,钢材价格出现上涨,该经销商按4850元/吨的价格将该批现货出售,与此同时将期货合约对冲平仓,成交价格为 5330 元/吨。

表 7-7　卖出套期保值案例(基差走弱情形)

时间	市场		基差
	现货市场	期货市场	
5 月初	市场价格 4380 元/吨	卖出 11 月份螺纹钢期货合约,4800 元/吨	-420 元/吨
8 月初	卖出价格 4850 元/吨	买入平仓螺纹钢期货合约,5330 元/吨	-480 元/吨
盈亏	盈利 470 元/吨	亏损 530 元/吨	走弱 60 元/吨

在该案例中,由于现货价格上涨幅度小于期货价格上涨幅度,基差走弱 60 元/吨。期货市场亏损 530 元/吨,现货市场盈利 470 元/吨,两者相抵后存在净亏损 60 元/吨。通过套期保值,该经销商的钢材的实际售价相当于:现货市场实际销售价格－期货市场每吨亏损＝4850－530＝4320 元/吨。该价格要比 5 月初的 4380 元/吨的现货价格低 60 元/吨。而这 60 元/吨,正是基差走弱的变化值。这表明,进行卖出套期保值,如果基差走弱,两个市场盈亏相抵后存在净亏损,它将使套期保值者承担基差变动不利的风险,其价格与其预期价格相比要略差一些。

(二)基差变动与买入套期保值

例:5 月初某饲料公司预计 3 个月后需要购入 3000 吨豆粕。为了防止豆粕价格上涨,该饲料公司买入 9 月份豆粕期货合约 300 手(每手 10 吨),成交价格为 2910 元/吨。5 月初现货市场豆粕价格为 3160 元/吨。至 8 月份,豆粕现货价格上涨至 3600 元/吨,该饲料公司按此价格采购 3000 吨豆粕,与此同时,将豆粕期货合约对冲平仓,成交价格为 3280 元/吨。

表 7-8　买入套期保值案例(基差走强情形)

时间	市场		基差
	现货市场	期货市场	
5 月初	市场价格 3160 元/吨	买入 9 月份豆粕期货合约,2910 元/吨	250 元/吨
8 月初	卖出价格 3600 元/吨	卖出平仓豆粕期货合约,3280 元/吨	320 元/吨
盈亏	亏损 440 元/吨	盈利 370 元/吨	走强 70 元/吨

在该案例中,由于现货价格上涨幅度小于期货价格上涨幅度,基差走强 70 元/吨。期货市场盈利 370 万吨,现货市场亏损 440 元/吨,两者相抵后存在净亏损 70 元/吨。通过套期保值,该饲料公司的豆粕的实际购入价相当于:现货市场实际采购价格－期货市场每吨盈利＝3600－370＝3230 元/吨。该价格要比 5 月初的 3160 元/

吨的现货价格高 70 元/吨。而这 70 元/吨,正是基差走强的变化值。这表明,进行买入套期保值,如果基差走强,两个市场盈亏相抵后存在净亏损,它将使套期保值者承担基差变动不利的风险,其价格与其预期价格相比要略差一些。

例:3 月初,某轮胎企业为了防止天然橡胶原料价格进一步上涨,于是买入 7 月份天然橡胶期货合约 200 手(每手 5 吨),成交价格为 24000 元/吨,对其未来生产所需要的 1000 吨天然橡胶进行套期保值。3 月初现货市场天然橡胶价格为 23000 元/吨,之后天然橡胶价格未涨反跌,至 6 月初,天然橡胶现货价格跌至 20000 元/吨。该企业按此价格购入天然橡胶现货 1000 吨。与此同时,将天然橡胶期货合约对冲平仓,成交价格为 21200 元/吨。

表 7-9　买入套期保值案例(基差走弱情形)

时间	市场		基差
	现货市场	期货市场	
3 月初	市场价格 23000 元/吨	买入 7 月份天然橡胶期货合约,24000 元/吨	−1000 元/吨
6 月初	买入价格 20000 元/吨	卖出平仓天然橡胶期货合约,21000 元/吨	−1200 元/吨
盈亏	盈利 3000 元/吨	亏损 2800 元/吨	走弱 200 元/吨

在该案例中,由于现货价格下跌幅度大于期货价格下跌幅度,基差走弱 200 元/吨。期货市场亏损 2800 元/吨,现货市场盈利 3000 元/吨,两者相抵后存在净盈利 200 元/吨。通过套期保值,该轮胎企业的天然橡胶的实际购入价相当于:现货市场实际采购价格+期货市场每吨亏损=20000+2800=22800 元/吨。该价格要比 3 月初的 23000 元/吨的现货价格低 200 元/吨。而这 200 元/吨,正是基差走弱的变化值。这表明,进行买入套期保值,如果基差走弱,两个市场盈亏相抵后存在净盈利,它将使套期保值者获得的价格比其预期价格还要更理想。

(三)基差变动与套期保值效果关系的总结

根据以上分析,我们可以将买入套期保值和卖出套期保值在基差不同变化情形下的效果进行概括(见表 7-10)。

表 7-10　基差效果概括

套期保值种类	基差变化	套期保值效果
卖出套期保值	基差不变	完全套期保值,两个市场盈亏刚好完全相抵
	基差走强	不完全套期保值,两个市场盈亏相抵后存在净盈利
	基差走弱	不完全套期保值,两个市场盈亏相抵后存在净亏损
买入套期保值	基差不变	完全套期保值,两个市场盈亏刚好完全相抵
	基差走强	不完全套期保值,两个市场盈亏相抵后存在净亏损
	基差走弱	不完全套期保值,两个市场盈亏相抵后存在净盈利

四、套期保值有效性的衡量

套期保值有效性是度量风险对冲程度的指标,可以用来评价套期保值效果。通常采取的方法是比率分析法,即用期货合约价值变动抵消被套期保值的现货价值变动的比率来衡量。在采用"1:1"的套期保值比率的情况下,套期保值有效性可简化为:

套期保值有效性＝期货价格变动÷现货价格变动值

该数值越接近100％,代表套期保值有效性越高。当套期保值有效性在80％至125％的范围内,该套期保值被认定为高度有效。

例如,某套期保值企业对其生产的豆油进行卖出套期保值操作,且卖出期货合约的数量与现货被套期保值的数量相同。在整个套期保值期间,期货价格上涨400元/吨,现货价格上涨500元/吨,这意味着该套期保值者期货市场亏损400元/吨,现货市场盈利500元/吨。两者的比值为80％,即套期保值有效性为80％,可以视为有效地实现了套期保值。如果在整个套期保值期间,期货价格下跌400元/吨,现货价格下跌500元/吨,这意味着该套期保值者期货市场盈利400元/吨,现货市场亏损500元/吨,套期保值有效性仍为80％。

由此可见,套期保值有效性的评价不是以单个的期货或现货市场的盈亏来判定的,而是根据套期保值"风险对冲"的实质,以两个市场盈亏抵消的程度来评价的。

第四节　套期保值操作的扩展及注意事项

一、套期保值操作的扩展

前面所讲述的套期保值案例采用比较简单和基本的操作方式。在实践中,结合期货市场和现货市场的发展,套期保值操作方式也得到了进一步的丰富。

(一)交割月份的选择

在套期保值操作中,需要将期货头寸持有的时间段与现货市场承担风险的时间段对应起来。但这并不一定要求期货合约月份的选择与现货市场承担风险的时期完全对应。例如,5月初某企业计划在3个月后卖出一批铜,为了防范铜价下跌的风险,进行卖出套期保值操作。这是不是说,该企业在合约月份选择上,一定要选择卖出8月份的铜期货合约呢?不一定。合约月份的选择主要受下列几个因素的影响。

第一,合约流动性。流动性不足的合约,会给企业开仓和平仓带来困难,影响套期保值效果。套期保值一般应选择流动性好的合约来进行交易。

第二,合约月份不匹配。有时在企业现货头寸面临风险期间,并没有对应的期货合约月份可以交易。例如,企业要在8月份购买商品,但没有对应的8月份的期货合约。再例如,套期保值期限超过1年以上时,市场上尚没有对应的远月期货合约挂牌。此时通常会涉及展期操作。所谓展期,是指在对近月合约平仓的同时在远月合约上建仓,用远月合约调换近月合约,将持仓移到远月合约的交易行为。

第三,不同合约基差的差异性。如前所述,基差变化直接影响套期保值效果。不同交割月份的期货合约的基差总是存在差异,套期保值者可以选择对其有利的合约进行交易。例如,3月初,卖出套期保值者发现7月份和9月份期货合约的基差分别是-50元/吨和-100元/吨,假设7月至9月间持仓费为30元/吨,这意味着扣除持仓费因素,9月份基差较7月份基差弱,换而言之,9月基差走强可能性更大,企业可以选择9月份合约进行套期保值。

上述3个方面的原因,将要求企业根据实际情况,灵活选择套期保值合约的月份。

(二)套期保值比率的确定

在前述套期保值案例中,均按照"1:1"的套期保值比率操作,这种方式操作很简单。但由于期货价格与现货价格波动幅度不完全相同,采取"1:1"的套期保值比率会带来基差变动的风险,造成不完全套期保值。实际操作中,企业可以结合不同的目的,以及现货市场和期货市场价格的相关性,来灵活确定套期保值比率。

(三)期转现与套期保值

在对现货交易进行套期保值时,恰当地使用期转现交易,可以在完成现货交易的同时实现商品的保值。例如,一个出口商与客户签订了一份出售大豆现货的远期合约,但是他没有现货库存,为防止到交货时大豆价格上涨,他在芝加哥期货交易所做买入套期保值。某储藏商持有大豆的现货,为了防止大豆价格下跌,在芝加哥期货交易所做卖出套期保值,所卖出的合约月份与该出口商相同。出口商向储藏商收购大豆现货,并协商进行期转现交易。这就意味着,在期货合约到期前,双方向交易所申请期转现交易,按约定价格将各自头寸平仓,结束套期保值交易。与此同时,交易双方按照协商好的价格、商品品质、交割地点等进行现货商品的交收。

以上套期保值交易与期转现交易结合在一起的操作,对交易双方都是有利的。对出口商来说,不仅获得了所需的现货,也避免了价格上涨的风险。对储藏商来说,既出售了现货商品,也避免了价格下跌的风险。期转现操作与期货实物交割相比,可以省去一笔交割费用,而且期转现交易在现货贸易伙伴间进行,交易细节更符合双方交易的需要。

【小贴士】

期转现交易

期货转现货交易,简称期转现交易,是指持有方向相反的同一品种同一月份合约的会员(客户)协商一致并向交易所提出申请,获得交易所批准后,分别将各自持有的合约按双方商定的期货价格(该价格一般应在交易所规定的价格波动范围内)由交易所代为平仓,同时,按双方协议价格与期货合约标的物数量相当、品种相同、方向相同的仓单进行交换的行为。

期转现交易是国际期货市场中长期实行的交易方式,在商品期货、金融期货中都有着广泛应用。我国大连商品交易所、上海期货交易所和郑州商品交易所也已经推出了期转现交易。

买卖双方进行期转现有两种情况。第一种情况:在期货市场由反向持仓双方,拟用标准仓单或标准仓单以外的货物进行期转现。第二种情况:买卖双方为现货市场的贸易伙伴,有远期交货意向,并希望远期交货价格稳定。双方可以先在期货市场上选择与远期交收货物最近的合约月份建仓,建仓量和远期货物量相当,建仓时机和价格分别由双方根据市况自行决定,到希望交收货的时候,进行非标准仓单的期转现。这相当于通过期货市场签订一个远期期货合同,实现了套期保值的目的。

期转现交易的优越性在于:

第一,加工企业和生产经营企业利用期转现可以节约期货交割成本,如搬运、整理和包装等交割费用;可以灵活商定交货品级、地点和方式;可以提高资金的利用效率。加工企业可以根据需要分批、分期地购回原料,减轻资金压力,减少库存盘;生产经营企业也可以提前回收资金。

第二,期转现比"平仓后购销现货"更便捷。期转现使买卖双方在确定期货平仓价格的同时,确定了相应的现货买卖价格,由此可以保证期货与现货市场风险同时锁定。

第三,期转现比远期合同交易和期货实物交割更有利。远期合同交易有违约问题和被迫履约问题,期货实物交割存在交割品级、交割时间和地点的选择等没有灵活性的问题,而且成本较高。期转现能够有效地解决上述问题。

期转现交易的基本流程是:

(1)寻找交易对手。拟进行期转现的一方,可自行找期转现交易对手,或通过交易所发布期转现意向。

(2)交易双方商定价格。找到对方后,双方首先商定平仓价(须在审批日期货价限制范围内)和现货交收价格。

(3)向交易所提出申请。买卖双方到交易所申请办理期转现手续,填写交易所统一印制的期转现申请单;用非标准仓单交割的,需提供相关的现货买卖协议等证明。

（4）交易所核准。交易所接到期转现申请和现货买卖协议等资料后进行核对，符合条件的，予以批准，并在批准当日将买卖双方期货头寸平仓。不符合条件的，通知买卖双方会员，会员要及时通知客户。

（5）办理手续。如果用标准仓单期转现，批准日的下一日，买卖双方到交易所办理仓单过户和货款划转，并缴纳规定手续费。如果用非标准仓单进行期转现，买卖双方按照现货买卖协议自行进行现货交收。

（6）纳税。用标准仓单期转现的，买卖双方在规定时间到税务部门办理纳税手续。买卖双方各自负担标准仓单期转现中仓单转让环节的手续费。

例：在优质强筋小麦期货市场上，甲为买方，开仓价格为 1900 元/吨；乙为卖方，开仓价格为 2100 元/吨。小麦搬运、储存、利息等交割成本为 60 元/吨，双方商定的平仓价为 2040 元/吨，商定的交收小麦价格比平仓价低 40 元/吨，即 2000 元/吨。期转现后，甲实际购入小麦价格 2000－（2040－1900）＝1860 元/吨；乙实际销售小麦价格 2000＋（2100－2040）＝2060 元/吨。

如果双方不进行期转现而在期货合约到期时以实物交割，则甲按开仓价 1900 元/吨购入小麦；乙按照开仓价 2100 元/吨销售小麦，扣除交割成本 60 元/吨，实际售价为 2040 元/吨。通过比较可知，甲期转现操作的实际采购成本 1860 元/吨比实物交割成本 1900 元/吨低 40 元/吨；乙期转现操作的实际售价 2060 元/吨比实物交割的实际售价 2040 元/吨高 20 元/吨。通过期转现交易，甲少花 40 元/吨，乙多卖 20 元/吨，期转现给双方带来的好处总和为 60 元/吨。

期转现操作中应注意的事项：用标准仓单期转现，要考虑仓单提前交收所节省的利息和储存等费用；用标准仓单以外的货物期转现，要考虑节省的交割费用、仓储费和利息，以及货物的品级差价。买卖双方要先看现货，确定交收货物和期货交割标准品级之间的价差。商定平仓价和交货价的差额一般要小于节省的上述费用总和，这样期转现对双方都有利。

（四）期现套利操作

现实中，一些企业利用自身在现货市场经营的优势，依据基差与持仓费之间的关系，寻找合适的时机进行操作，演变成期现套利的新型操作模式。具体操作可通过下面的例子来说明。

假设某企业有一批商品的存货。目前现货价格为 3000 元/吨，2 个月后交割的期货合约价格为 3500 元/吨。2 个月期间的持仓费和交割成本等合计为 300 元/吨。该企业通过比较发现，如果将该批货在期货市场按 3500 元/吨的价格卖出，待到期时用其持有的现货进行交割，扣除 300 元/吨的持仓费之后，仍可以有 200 元/吨的收益。在这种情况下，企业将货物在期货市场卖出要比现在按 3000 元/吨的价格卖出更有利，也比两个月之后卖出更有保障（因为不知道未来价格会如何变化）。此时，可将企业的操作称为"期现套利"。

期现套利是指交易者利用期货市场与现货市场之间的不合理价差,通过在两个市场上进行反向交易,待价差趋于合理而获利的交易。一般来说,期货价格和现货价格之间的价差主要反映了持仓费。但现实中,价差并不绝对等同于持仓费。当两者出现较大的偏差时,期现套利机会就会出现。

如果价差远远高于持仓费,套利者就可以买入现货,同时卖出相关期货合约,待合约到期时,用买入的现货进行交割。价差的收益扣除买入现货之后发生的持仓费用之后还有盈利,从而产生套利的利润。相反,如果价差远远低于持仓费,套利者就可以卖出现货,同时买入相关期货合约,待合约到期时,用交割获得的现货来补充之前所卖出的现货。价差的亏损小于所节约的持仓费,因而产生盈利。不过,对于商品期货来说,由于现货市场缺少做空机制,从而限制了现货市场卖出的操作,因而常见的期现套利操作属于第一种情形。

在实际操作中,也可不通过交割来完成期现套利,只要价差变化对其有利,也可通过将期货合约和现货头寸分别了结的方式来结束期现套利操作。

在商品市场进行期现套利操作,一般要求交易者对现货商品的贸易、运输和储存等比较熟悉,因此参与者多是有现货生产经营背景的企业。

(五)基差交易

随着点价交易的出现,一种将点价交易与套期保值结合在一起的操作方式也随之出现,即基差交易。

1. 点价交易

点价交易是指以某月份的期货价格为计价基础,以期货价格加上或减去双方协商同意的升贴水来确定双方买卖现货商品的价格的交易方式。点价交易从本质上看是一种为现货贸易定价的方式,交易双方并不需要参与期货交易。目前,在一些大宗商品贸易中,例如大豆、铜、石油等贸易,点价交易已经得到了普遍应用。例如,在大豆的国际贸易中,通常以芝加哥期货交易所的大豆期货价格作为点价的基础;在铜精矿和阴极铜的贸易中通常利用伦敦金属交易所或纽约商品交易所的铜期货价格作为点价的基础。之所以使用期货市场的价格来为现货交易定价,主要是因为期货价格是通过集中、公开竞价的方式形成的,价格具有公开性、连续性、可预测性和权威性。使用大家都公认的、合理的期货价格来定价,可以省去交易者搜寻价格信息、讨价还价的成本,提高交易的效率。

与传统的贸易不同,在点价交易中,贸易双方并非直接确定一个价格,而是以约定的某月份期货价格为基准,在此基础上加减一个升贴水来确定。升贴水的高低,与点价所选取的期货合约月份的远近、期货交割地与现货交割地之间的运费以及期货交割商品品质与现货交割商品品质的差异有关。在国际大宗商品贸易中,由于点价交易被普遍应用,升贴水的确定也是市场化的,有许多经纪商提供升贴水报价,交易商可以很容易确定升贴水的水平。

根据确定具体时点的实际交易价格的权利归属划分,点价交易可分为买方叫价交易和卖方叫价交易。如果确定交易时间的权利属于买方即为买方叫价交易,若该权利属于卖方则为卖方叫价交易。

2.基差交易

因为在实施点价之前,双方所约定的期货基准价格是不断变化的,所以交易者仍然面临价格变动风险。为了有效规避这一风险,交易者可以将点价交易与套期保值操作结合在一起进行操作,形成基差交易。

所谓基差交易,是指企业按某一期货合约价格加减升贴水的方式确立点价,同时在期货市场进行套期保值操作,从而降低套期保值中的基差风险的操作。

例:10月20日,中国某榨油厂与美国某贸易商签订进口合同,约定进口大豆的到岸价为"CBOT的1月大豆期货合约+CNF100美分",即在1月份CBOT大豆期货价格的基础上加上100美分/蒲式耳的升水,以此作为进口到岸价格。同时,双方约定自该榨油厂在12月15日装船前根据CBOT期货盘面价格自行点价确定。合同确立后,大豆的进口到岸价格实际上并未确定下来,如果在榨油厂实施点价之前,1月份CBOT大豆期货价格上涨,该榨油厂就要接受此高价。为了规避这一风险,该榨油厂在签订进口合同的同时,在CBOT上买入等数量的1月份大豆期货合约进行套期保值。

到了12月15日,该贸易商完成大豆装船,并通知该榨油厂点价。该榨油厂在1月份CBOT大豆期货上分批完成点价,均价为1030美分/蒲式耳。该批大豆的进口到岸价也相应确定下来,为1030+100=1130美分/蒲式耳。该榨油厂按该价格向贸易商结清货款。与此同时,该榨油厂将套期保值头寸卖出平仓,结束交易。

在实际操作中,为了保证能够按照所点的期货价格将期货头寸进行平仓,榨油厂和贸易商可以申请期转现交易,将双方期货套期保值头寸的平仓价确定在所点的价位上。

在该案例中,假设在签订进口合同时期货价格为800美分/蒲式耳,这意味着,如果不进行套期保值,在该榨油厂实施点价时,由于期货价格上涨至1030美分/蒲式耳,该厂要承担相当于230美分/蒲式耳的损失。

如果在签订合同的同时进行买入套期保值,即使点价期间价格上涨,其期货套期保值头寸因价格上涨所带来的盈利可以弥补现货上的损失,从而较好地规避价格风险。

基差交易与一般的套期保值操作的不同之处在于,由于是点价交易与套期保值操作相结合,套期保值头寸了结的时候,对应的基差基本上等于点价交易时确立的升贴水。这就保证在套期保值建仓时,就已经知道了平仓时的基差,从而减少了基差变动的不确定性,降低了基差风险。

二、企业开展套期保值业务的注意事项

套期保值操作虽然可以在一定程度上规避价格风险,但并非意味着企业做套期保值就是进了"保险箱"。事实上,在进行套期保值操作时,企业除了面临基差变动风险之外,还会面临诸如流动性风险、现金流风险、操作风险等各种风险。这需要企业针对套期保值业务设置专门的人员和组织机构,制定相应的规章和风险管理制度等。企业在套期保值业务上,需要在以下几个方面予以关注。

第一,企业在参与期货套期保值之前,需要结合自身情况进行评估,以判断是否有套期保值需求,以及是否具备实施套期保值操作的能力。企业要综合行业风险状况、市场动态风险状况和企业自身的风险偏好等,综合评价自身对套期保值的需求。一般来说,行业利润越低,相关原材料、产成品、利率、汇率等资产价格波动对企业盈利及生存能力影响越大,进行套期保值越有必要。即便是该企业处于平均利润率较高的行业,也有必要对相关资产价格波动进行实时监控,一旦风险超越企业可承受界限,则需要及时介入衍生品市场进行套期保值操作。

企业对自身套期保值能力的评估也十分必要。从国内外的调查结果看,规模大的企业运用衍生金融工具的程度要明显高于规模小的企业。这主要因为规模大的企业,通常在套期保值资金支持、专业人才储备、机构设置及制度保障等方面具有优势。企业套期保值活动服务于稳定经营的目标,只要该目标不变,企业参与套期保值活动就应纳入企业长期的生产经营活动之中,而非企业偶然、随意的行为。这要求企业在开展套期保值业务之前,综合评价其自身是否在资金、人才、机构设置、风险控制制度建设等方面做好了充足准备,切忌仓促上阵。

第二,企业应完善套期保值机构设置。要保证套期保值效果,规范的组织体系是科学决策、高效执行和风险控制的重要前提和基本保障。有条件的企业可以设置从事套期保值业务的最高决策机构——企业期货业务领导小组,一般由企业总经理、副总经理及财务、经营计划、法律等部门的负责人和期货业务部经理组成。负责确定企业参加期货交易的范围、品种、企业套期保值方案、风险监控以及与期货相关的其他重大问题的处理。

针对企业套期保值交易,可设置交易部、风险控制部门和结算部,分别构成套期保值业务的前台、中台和后台。其中:

交易部,作为套期保值业务的前台,负责具体交易操作,严格执行各项操作规定并按有关规定和权限使用与管理交易资金,详细记录套期保值活动,向中台和后台报告交易情况。

结算部,作为套期保值业务的后台,负责交易复核、对账,确认买卖委托,以及各类财务处理并跟踪交易情况,同时按规定独立监管前台交易和完成结算,并随时协助

前台交易人员准备盈亏报告,进行交易风险的评估。

风险控制部门(一般由企业财务和审计部门人员构成),作为套期保值业务的中台,负责监督并控制前台和后台的一切业务操作,核对持有头寸限额,负责比较后台结算和前台交易之间计算出的损益情况,并根据交易的质量采取必要的措施,以保证会计记录的准确性;对交易质量、财务信息管理和回报率的质量实施监督职能,负责交易情况的分析及对交易误差做出正确解释和内部稽核,最终负责公布监控结果。

此外,还可以设立研发部,负责分析宏观经济形势和相关市场走势并出具投资建议,该部门有时也会与交易部合并。

第三,企业需要具备健全的内部控制制度和风险管理制度。其中与套期保值业务相关的内部控制制度主要包括套期保值业务授权制度和套期保值业务报告制度。

套期保值业务授权包括交易授权和交易资金调拨授权。企业应保持授权的交易人员和资金调拨人员相互独立、相互制约,保证公司交易部有资金使用权但无调拨权,财务部有资金调拨权但无资金使用权。交易授权制度应明确有权进行套期保值交易的人员名单、可从事套期保值交易的具体品种和交易限额;交易资金调拨制度应明确有权进行资金调拨的人员名单和资金限额。一般来说,期货套期保值业务的授权应由企业法定代表人或企业主管期货业务的副总经理下达,涉及交易资金调拨的授权还应经主管财务的副总经理同意。

套期保值业务报告制度,是指相关人员应当定期向企业期货业务主管领导和总经理报告有关工作,以便及时了解套期保值进度和盈亏状况。期货交易人员应定期向企业期货业务主管领导报告新建头寸状况、持仓状况、计划建仓及平仓状况,以及市场信息等基本内容。风险管理人员应向企业期货业务主管领导定期书面报告持仓风险状况、保证金使用状况、累计结算盈亏、套期保值计划执行情况等。企业期货业务主管领导须签阅报告并返还风险管理人员。资金调拨人员应定期向财务主管领导报告结算盈亏状况、持仓风险状况、保证金使用状况等,同时应通报风险管理人员及企业期货业务主管领导。

企业进行套期保值业务,还应建立严格有效的风险管理制度,明确内部风险报告制度、风险处理程序等。利用事前、事中及事后的风险控制措施,预防、发现和化解风险。企业在进行期货套期保值业务时,应把交易部、结算部和风险控制部的岗位和人员进行有效分离,确保其能够相互监督制约。

第四,加强对套期保值交易中相关风险的管理。套期保值主要以衍生品为避险工具,衍生品具有高风险的特征,如果不能对套期保值操作中可能面临的风险进行科学管理,可能会使企业陷入更大的风险中。除了基差风险之外,套期保值操作还可能面临现金流风险、流动性风险、操作风险等。

现金流风险,是指企业在对生产经营进行套期保值的同时,由于暂时的流动性不足导致期货头寸被迫强平,从而给企业带来不必要的损失的风险。为了防范现金流风险,企业在进行套期保值操作时,除了交易保证金之外,还要有一定的流动资金以应对市场不利变化对追加保证金的需要。要合理地确定流动资金的水平,需要研发部门对未来每月商品价格有一定程度的预估,期货交易部也需要定期和财务部门有效沟通,使得财务部门对未来资金需求有一定的计划。

流动性风险,是指在期货交易中,受市场流动性因素限制,企业不能以有利价格出入市,而影响套期保值效果。流动性不足的主要原因包括:某些月份的期货合约不活跃,市场处于极端单边行情,或企业建立头寸相对过大等。企业在管理流动性风险方面,要尽量避免选择即将临近交割和流动性差的合约。

操作风险,是指由内部工作流程、风险控制系统、员工职业道德问题等导致交易过程中发生损失的风险。它包括员工风险、流程风险和系统风险。这需要企业在机构设置、职责分工和风险管理制度等方面实行有效的防范操作。

第五,掌握风险评价方法。在套期保值中,企业在事前、事中都要对市场风险进行评估,并在事后对套期保值的风险状况做出评价。主要使用的风险衡量方法包括风险价值法、压力测试法、情景分析法等。

 课后思考题

(1)什么是套期保值?要实现套期保值必须具备哪些条件?

(2)套期保值一般应用于什么样的情形?

(3)为什么会出现不完全套期保值?

(4)合约月份的选择受哪些因素的影响?

(5)企业开展套期保值业务时要注意哪些事项?

课后习题讲解

第八章 大宗商品期货套利交易

大豆、豆粕和豆油之间存在压榨式套利,原油、汽油、重油之间存在裂解式套利,化工产品上下游生产利润套利正是利用了这种关系,而套利策略制定的前提是压榨或裂解生产技术的相对稳定。在CBOT市场中,大豆、豆粕和豆油期货间的套利交易一直非常活跃。

导入案例讲解

压榨利润=豆油价格×出油率+豆粕价格×出粕率−大豆价格−加工费

大豆压榨的加工费在相当长的时期内为一常数,美国平均为 16 美元/吨,我国平均为 100 元/吨。除此以外,美国的平均压榨水平为:1 吨大豆生产 0.18 吨豆油、0.78吨豆粕。我国的平均压榨水平没有官方统计,但根据南方几家大型油厂的统计,1吨大豆可生产 0.16 吨豆油、0.785 吨豆粕。

大豆与豆油、豆粕之间存在着如下关系:

100%大豆=17%豆油+80%豆粕+3%损耗

当大豆产业链出现不稳定时,就容易出现大豆提油套利和反向大豆提油套利。宁波某公司长期活跃在大豆提油套利市场中,通过套利方案在 2020 年收益颇丰。

结合材料,查阅相关的期货市场价格,谈谈你会如何构建你的套利策略。

第一节 期货套利概述

一、期货套利的概念

期货套利是指利用相关市场或相关合约之间的价差变化,在相关市场或相关合约上进行与交易方向相反的交易,以期价差发生有利变化时,将持有头寸平仓而获利的交易行为。通常,套利被视为投资交

知识点讲解

易中的一种特殊的交易方式。

对于是否将套利交易看作投资交易的一种形式,国外有着不同的观点。在早期,理论界一般也将套利交易归入投资的范畴,把套利交易看成投资的一种形式。但后来有些专家、学者开始将套利视为与投资交易不同的一种交易方式,在期货市场中具有独立的性质,并发挥着特定的作用。美国著名期货专家、金融期货的创始人利奥·梅拉梅德曾经指出:期货市场套利者与其他交易主体大不一样,套利者利用同一商品在两个或更多合约月份之间的差价进行交易,而不是利用任何一个合约的价格进行交易。因此,他们的潜在利润不基于商品价格的上涨或下跌实现,而基于不同合约月份之间价差的扩大或缩小,以此构成其套利的头寸。可见,在他看来,套利者是一个与投资者或套期保值者都不同的独立群体。

二、期货套利的分类

一般来说,期货套利交易主要是指期货价差套利。所谓价差套利,是指利用期货市场上不同合约之间的价差进行套利的行为。价差套利也可称为价差交易、套期图利。价差套利根据所选择的期货合约的不同,又可分为跨期套利、跨品种套利和跨市场套利。

(1)跨期套利是指在同一市场(即同一交易所)同时买入、卖出同种商品、不同交割月份的期货合约,以期在有利时机将这些期货合约对冲平仓获利。

(2)跨品种套利是指利用两种或三种不同的但相互关联的商品之间的期货合约价格差异进行套利,即同时买入或卖出某一交割月份的相互关联的商品期货合约,以期在有利时机将这些合约平仓获利。

(3)跨市套利是指在某个交易所买入(或卖出)某一交割月份的某种商品合约的同时,在另一个交易所卖出(或买入)同一交割月份的同种商品合约,以期在有利时机分别在两个交易所同时平仓在手的合约而获利。

三、期货套利与投资的区别

期货套利是与期货投资交易不同的一种交易方式,在期货市场中发挥着特殊的作用。期货套利与期货投资交易的区别主要体现在:

(1)期货投资交易只是利用单一期货合约绝对价格的波动赚取利润,而套利是从相关市场或相关合约之间的相对价差变动套取利润。期货投资者关心和研究的是单一合约的涨跌,而套利者关心和研究的则是两个或多个合约相对价差的变化。

(2)期货投资交易在一段时间内只做买或卖,而套利则是在同一时间买入和卖出相关期货合约,或者在同一时间在相关市场进行反向交易,同时扮演多头和空头的双重角色。

(3)期货套利交易赚取的是价差变动的收益。通常情况下,由于相关市场或相关

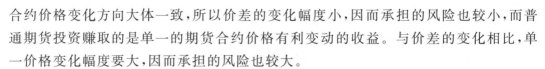

合约价格变化方向大体一致,所以价差的变化幅度小,因而承担的风险也较小,而普通期货投资赚取的是单一的期货合约价格有利变动的收益。与价差的变化相比,单一价格变化幅度要大,因而承担的风险也较大。

(4)期货套利交易成本一般要低于投资交易成本。一方面,由于套利的风险较小,因此,在保证金的收取上要少于普通期货投资,从而大大节省了资金的占用。另一方面,通常进行相关期货合约的套利交易至少同时涉及两个合约的买卖。在国外,为了鼓励套利交易,一般规定套利交易的佣金费用比单笔交易的佣金费用要高,但比单独做两笔交易的佣金费用之和要低,所以说,套利交易的成本较低。

四、期货套利的作用

套利与普通期货投资交易相比,风险较低。因为套利正是利用期货市场中有关价格失真的机会,并预测该价格失真会最终消失,从而获取套利利润。套利交易在客观上有助于使扭曲的期货市场价格重新恢复到正常水平,因此,它的存在对期货市场的健康发展起到了非常重要的作用。主要表现在两个方面:

(1)套利行为有助于期货价格与现货价格、不同期货合约价格之间的合理价差关系的形成。套利交易的获利来自对不合理价差的发现和利用,套利者会时刻注意市场动向,如果发现价差存在异常,则会通过套利交易以获取利润。在客观上会对相关价格产生影响,促使价差趋于合理。

(2)套利行为有助于市场流动性的提高。套利行为的存在增大了期货市场的交易量,承担了价格变动的风险,提高了期货交易的活跃程度,有助于交易者的正常进出和套期保值操作的顺利实现,有效地降低了市场风险,促进交易的流畅化和价格的理性化,起到了市场润滑剂和减震器的作用。

第二节　期货套利交易策略

一、期货套利交易

(一)期货价差的定义

期货价差是指期货市场上两个不同月份或不同品种期货合约之间的价格差。与投资交易不同,在价差交易中,交易者不关注某一个期货合约的价格向哪个方向变动,而是关注相关期货合约之间的价差是否在合理的区间范围内。如果价差不合理,交易者可以利用这种不合理的价差对相关期货合约进行方向相反的交易,等价差趋于合理时

知识点讲解

再同时将两个合约平仓来获取收益。因而,价差是价差套利交易中非常重要的概念。

在价差交易中,交易者同时在相关合约上进行方向相反的交易,也就是说要同时建立一个多头头寸和一个空头头寸,这是套利交易的基本原则。如果缺少了多头头寸或空头头寸,就像一个人缺了一条腿一样无法正常行走,因此,套利交易中建立的多头和空头头寸被形象地称为套利的"腿"。

大多数套利活动都是由买入和卖出两个相关期货合约构成的,因而套利交易通常具有两条"腿"。但也有例外的情况,例如在跨品种套利中,如果涉及的相关商品不止两种,比如在大豆、豆粕和豆油三个期货合约间进行的套利活动,可能包含了一个多头、两个空头或者一个空头、两个多头,在这种情况下,套利交易可能会有三条"腿"。

计算建仓时的价差,应用价格较高的一"边"减去价格较低的一"边"。例如,某套利者买入 5 月份铝期货合约的同时卖出 6 月份的铝期货合约,价格分别为 15730 元/吨和 15830 元/吨,因为 6 月份价格高于 5 月份价格,因此价差为 6 月份价格减去 5 月份价格,即 10 元/吨。

在计算平仓时的价差时,为了保持计算上的一致性,也主要用建仓时价格较高合约的平仓价格减去建仓时价格较低合约的平仓价格。例如,在前面的例子中,套利者建仓之后,5 月份铝期货价格上涨至 16010 元/吨,6 月份涨幅相对较小,为 15870 元/吨,如果套利者按照此价格同时将两个合约对冲了结该套利交易,则在平仓时的价差仍应该用 6 月份的价格减去 5 月份的价格,即为 −140 元/吨(而不应该用 5 月份价格减去 6 月份的价格,即 140 元/吨)。因为只有计算方法一致,才能恰当地比较价差的变化。

(二)价差的扩大与缩小

由于套利交易是利用相关期货合约间不合理的价差来进行的,价差能否在套利建仓之后"回归"正常,会直接影响到套利交易的盈亏和套利的风险。具体来说,如果套利者认为目前某两个相关期货合约的价差过大时,他会希望在套利建仓后价差能够缩小;同样地,如果套利者认为目前某两个相关期货合约的价差过小时,他会希望套利建仓后价差能够扩大。

如果当前(或平仓时)价差大于建仓时价差,则价差是扩大的;反之,则价差是缩小的。我们可以通过下面的例子来说明。

例如,某套利者在 8 月 1 日买入 9 月份白糖期货合约的同时卖出 11 月份白糖期货合约,价格分别为 5720 元/吨和 5820 元/吨,到了 8 月 15 日,9 月份和 11 月份白糖期货价格分别变为 5990 元/吨和 6050 元/吨,价差变化为:

8 月 1 日建仓时的价差:5820−5720＝100 元/吨。

8 月 15 日的价差:6050−5990＝60 元/吨。

由此可以判断出:8 月 15 日的价差相对于建仓时缩小了,即价差缩小 40 元/吨。

(三)价差套利的盈亏计算

在计算套利交易的盈亏时,可分别计算每个期货合约的盈亏,然后进行加总,可以得到整个套利交易的盈亏。

例如,某套利者以 4326 元/吨的价格买入 1 月的螺纹钢期货,同时以 4570 元/吨的价格卖出 5 月的螺纹钢期货。持有一段时间后,该套利者以 4316 元/吨的价格将 1 月合约卖出平仓,同时以 4553 元/吨的价格将 5 月合约买入平仓。该套利交易的盈亏计算如下:

1 月份的螺纹钢期货合约:亏损 = 4326 - 4316 = 10(元/吨)。

5 月份的螺纹钢期货合约:盈利 = 4570 - 4553 = 17(元/吨)。

套利结果 = -10 + 17 = 7(元/吨)。

按照这种计算方法,可以算出该套利交易后每吨螺纹钢盈利 7 元。

(四)套利交易指令

在套利交易实施中,多数交易所为了给套利交易提供便利,往往会设计套利指令,套利者可使用套利指令来完成套利操作。套利指令通常不需要标明买卖各个期货合约的具体价格,只要标注两个合约价差即可,非常便利,而且在有些国家的交易所(例如美国),套利交易还可以享受佣金、保证金方面的优惠待遇。

在指令种类上,套利者可以选择市价指令或限价指令,如果要撤销前一笔套利交易的指令,则可以使用取消指令。

1.套利市价指令的使用

如果套利者希望以当前的价差水平尽快成交,则可以选择使用市价指令。套利市价指令是指交易将按照市场当前可能获得的最好的价差成交的指令。在使用这种指令时,套利者不需注明价差的大小,只要注明买入和卖出期货合约的种类和月份即可,具体成交的价差如何,则取决于指令执行时点上市场行情的变化情况。该指令的优点是成交速度快,但也存在缺点,即在市场行情发生较大变化时,成交的价差可能与交易者最初的意图有较大差距。

例如,某交易者看到当前大连商品交易所 1 月份和 5 月份棕榈油期货的市场价格分别为 8300 元/吨和 8480 元/吨,价差为 180 元/吨,该交易者认为此价差过大,有套利机会存在,并希望尽快入市买入 1 月份、卖出 5 月份棕榈油期货合约进行套利。该交易者发出以下指令:

买入 1 月份棕榈油期货合约

卖出 5 月份棕榈油期货合约

市价指令

在上述指令中,虽然交易者没有明确标明套利的价差,但表明了套利者希望以当前的 180 元/吨的价差水平即刻成交。在这个指令的下达过程中,实际成交的价差并不一定是 180 元/吨,因为从指令下达到执行有一个很短的时间间隔,这期间棕榈油期货价格可能会发生变化,价差也会随之变化。如果 1 月份和 5 月份棕榈油期货在指令下达到交易系统时的价格分别为 8290 元/吨和 8460 元/吨,则将会以 170 元/吨的价差成交。一般情况下,如果市场行情没有发生突然变化,采用市价指令可以使套利者迅速以大约 180 元/吨的价差建仓。

2.套利限价指令的使用

如果套利者希望以一个理想的价差成交,可以选择使用套利限价指令。套利限价指令是指当价格达到指定价位时,指令将以指定的或更优的价差来成交。套利限价指令可以保证交易能够以指定的甚至更好的价格来成交。在使用限价指令进行套利时,需要注明具体的价差和买入、卖出期货合约的种类及月份。该指令的优点在于能够保证交易者以理想的价差进行套利,但是由于限价指令只有在价差达到所设定的价差时才可以成交,因此,使用该指令不能保证能够立刻成交。

例如,某交易者 9 月 3 日看到郑州商品交易所 11 月份和次年 1 月份 PTA(精对苯二甲酸)期货的市场价格分别为 8582 元/吨和 8708 元/吨,价差为 126 元/吨。该交易者认为价差偏小,想买入次年 1 月份、卖出 11 月份 PTA 期货合约进行套利,但他根据市场的走势判断,目前的价差可能还会进一步缩小,希望能够以 120 元/吨的价差建仓,以期获得更多的利润,于是该交易者发出如下限价指令:

买入次年 1 月份 PTA 期货合约

卖出 11 月份 PTA 期货合约

次年 1 月份 PTA 期货合约高于 11 月份 PTA 期货合约价格 120 元/吨

使用该限价指令意味着只有当次年 1 月份与 11 月份 PTA 期货价格的价差等于或小于 120 元/吨时,该指令才能够被执行。由此可以看出,套利者并不关注买入和卖出 PTA 期货合约的价格,而是关注相关合约之间的价差。从理论上说,使用限价指令可能得到的成交结果有多种,现任意列举 3 种如下:

(1)两合约价格同时上涨。11 月份和次年 1 月份 PTA 期货价格分别涨至 8589 元/吨和 8709 元/吨,价差变为 120 元/吨,指令立即以该价差被执行。这种情况表明交易按指定价差成交。

(2)两合约价格同时下跌。11 月份和次年 1 月份 PTA 期货价格分别跌至 8563 元/吨和 8683 元/吨,价差变为 120 元/吨,指令立即以该价差被执行。这种情况表明交易按指定价差成交。

(3)两合约价格上涨,11 月份和次年 1 月份 PTA 期货价格分别涨至 8596 元/吨和 8716 元/吨,价差变为 120 元/吨,但当指令下达至交易系统时,两合约价格发生小幅变化,最终以 117 元/吨的价差成交。在这种情形下,交易按照比指定条件更理想的价差成交。

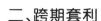

二、跨期套利

跨期套利是在同一市场、同种商品的不同交割月份期货合约上进行的买卖操作。根据套利者对不同合约月份中价格较高的一边的买卖方向不同,跨期套利可分为买入套利和卖出套利。根据套利者对不同合约月份中近月合约与远月合约买卖方向的不同,跨期套利可分为牛市套利、熊市套利和蝶式套利。

(一)买入套利和卖出套利

1.买入套利

如果套利者预期两个或两个以上期货合约的价差将扩大,则套利者将买入其中价格较高的合约,同时卖出价格较低的合约,我们称这种套利为买入套利。如果价差变动方向与套利者的预期相同,则套利者就会通过同时将两份合约平仓来获利。

例:某套利者在1月1日以350元/克卖出4月份黄金期货,同时以361元/克买入9月份黄金期货。假设经过一段时间之后,4月份价格变为355元/克,同时9月份价格变为372元/克,该套利者同时将两个合约对冲平仓,套利结果可用两种方法来分析。

(1)可以分别对两个合约的盈亏进行计算,然后加总来计算净盈亏,计算结果如下:

4月份的黄金期货合约:亏损=355-350=5(元/克)

9月份的黄金期货合约:盈利=372-361=11(元/克)

套利结果=-5+11=6(元/克),即该套利可以获取净盈利6元/克。

(2)可以使用价差的概念来计算盈亏。

从套利操作上,该套利者买入的9月份黄金的期货价格要高于4月份,可以判断是买进套利。价差从建仓的11元/克变为平仓的17元/克,价差扩大了6元/克,因此,可以判断该套利者的净盈利为6元/克。

2.卖出套利

如果套利者预期两个或两个以上相关期货合约的价差将缩小,套利者可通过卖出其中价格较高的合约,同时买入价格较低的合约来进行套利,我们称这种套利为卖出套利。

例:某套利者于1月1日以361元/克卖出4月份黄金期货,同时以350元/克买入9月份黄金期货。假设经过一段时间之后,4月份价格变为364元/克,同时9月份价格变为357元/克时,该套利者同时将两个合约对冲平仓,套利结果可用两种方法来分析。

(1)可以分别对两个合约的盈亏进行计算,然后加总来计算净盈亏,计算结果如下:

4 月份的黄金期货合约:亏损＝364－361＝3(元/克)

9 月份的黄金期货合约:盈利＝357－350＝7(元/克)

套利结果＝－3＋7＝4(元/克)即该套利可以获取净盈利 4 元/克。

(2)可以使用价差的概念来计算盈亏。从套利操作上,我们可以看到该套利者卖出的 4 月份黄金的期货价格要高于买入的 9 月份价格,因而是卖出套利。价差从建仓的 11 元/克变为平仓的 7 元/克,价差缩小了 5 元/克,因此,可以判断出该套利者的净盈利为 4 元/克。

(二)牛市套利、熊市套利和蝶式套利

1.牛市套利

当市场出现供给不足、需求旺盛的情形,导致较近月份的合约价格上涨幅度大于较远期的上涨幅度,或者较近月份的合约价格下降幅度小于较远期的下跌幅度。无论是正向市场还是反向市场,在这种情况下,买入较近月份的合约同时卖出远期月份的合约进行套利,盈利的可能性比较大。我们称这种套利为牛市套利。一般来说,牛市套利对可储存的商品并且在相同的作物年度最有效,例如,在买入 5 月棉花期货的同时卖出 9 月棉花期货。适用于牛市套利的可储存的商品有小麦、棉花、大豆、糖、铜等。对于不可储存的商品,如活牛、生猪等,不同交割月份的商品期货价格间的相关性很低或根本不相关,则进行牛市套利是没有意义的。

例:设 10 月 26 日,次年 5 月份棉花合约价格为 19075 元/吨,次年 9 月份棉花合约价格为 19725 元/吨,两者价差是为 650 元/吨。交易者预计棉花价格将上涨,次年 5 月与 9 月的期货合约的价差将有可能缩小。于是,交易者在买入 50 手次年 5 月棉花期货合约的同时卖出 50 手次年 9 月份棉花期货合约。12 月 26 日,次年 5 月和 9 月的棉花期货价格分别上涨为 19555 元/吨和 20060 元/吨,两者的价差缩小为 505 元/吨。交易者同时将两个期货合约平仓,从而完成套利交易。交易结果见表 8-1。

表 8-1　牛市套利实例

10 月 26 日	买入 50 手次年 5 月棉花期货合约,价格为 19075 元/吨	卖出 50 手次年 9 月份棉花期货合约,价格为 19725 元/吨	价差 650 元/吨
12 月 26 日	卖出 50 手次年 5 月棉花期货合约,价格为 19555 元/吨	买入 50 手次年 9 月份棉花期货合约,价格为 20060 元/吨	价差 505 元/吨
每条"腿"的盈亏状况	盈利 480 元/吨	亏损 335 元/吨	价差缩小 145 元/吨
最终结果	盈利 145 元/吨,总盈利为 145 元/吨×50 手×5 吨/手＝36250 元		

注:1 手＝5 吨。

该例中,交易者预期棉花期货价格将上涨,两个月后,棉花期货价格的走势与交易者的判断一致,最终交易结果使套利者获得了 36250 元的盈利。现假设两个月后

棉花价格并没有出现交易者预计的上涨行情,而是出现了一定程度的下跌,则交易者的交易情况如下。

例:设 10 月 26 日,次年 5 月份棉花合约价格为 19075 元/吨,次年 9 月份合约价格为 19725 元/吨,两者价差为 650 元/吨。交易者预计棉花价格将上涨,次年 5 月与 9 月的期货合约的价差将有可能缩小。于是,交易者买入 50 手次年 5 月份棉花合约的同时卖出 50 手次年 9 月份棉花合约。12 月 26 日次年 5 月和 9 月的棉花期货价格不涨反跌,价格分别下跌至 18985 元/吨和 19480 元/吨,两者的价差缩小为 495 元/吨。交易者同时将两种期货合约平仓,从而完成套利交易。交易结果见表 8-2。

表 8-2　牛市套利实例

10 月 26 日	买入 50 手次年 5 月份棉花期货合约,价格为 19075 元/吨	卖出 50 手次年 9 月份棉花期货合约,价格为 19725 元/吨	价差 650 元/吨
12 月 26 日	卖出 50 手次年 5 月份棉花期货合约,价格为 18985 元/吨	买入 50 手次年 9 月份棉花期货合约,价格为 19480 元/吨	价差 495 元/吨
每条"腿"的盈亏状况	亏损 90 元/吨	盈利 245 元/吨	价差缩小 155 元/吨
最终结果	盈利 155 元/吨,总盈利为 155 元/吨×50 手×5 吨/手＝38750 元		

注:1 手＝5 吨。

该例中,交易者预计棉花期货价格将上涨,两个月后棉花期货价格不涨反跌,虽然棉花价格走势与交易者的判断相反,但最终交易结果仍然使套利者获得了 38750 元的盈利。

在上述两个例子中,我们可以发现,只要两月合约的价差趋于缩小,交易者就可以实现盈利,而与棉花期货价格的涨跌无关。同样,我们也可以使用买进套利或卖出套利的概念对这两个例子进行判断。该交易者进行的都是卖出套利操作,两种情况下价差分别缩小 145 元/吨和 155 元/吨。因此,可以很容易地判断出这两种情况下该套利者每吨盈利 145 元和 155 元,250 吨总盈利为 36250 元和 38750 元。

由上述两例可以判断,套利是在正向市场进行的,如果在反向市场上,近期价格要高于远期价格,牛市套利是买入近期合约同时卖出远期合约。在这种情况下,牛市套利可以归入买进套利这一类中,只有在价差扩大时才能够盈利。

在进行牛市套利时,需要注意的一点是:在正向市场上,牛市套利的损失相对有限而获利的潜力巨大。这是因为在正向市场上进行的牛市套利,实质上是卖出套利,而卖出套利获利的条件是价差要缩小。如果价差扩大,该套利可能会亏损,但是由于在正向市场上价差变大的幅度要受到持仓费水平的制约,价差如果过大,超过了持仓费,就会产生套利行为,会限制价差扩大的幅度。而价差缩小的幅度则不受限制,在上涨行情中很有可能出现近期合约价格大幅度上涨,从而远远超过远期合约价格的可能性,使正向市场变为反向市场,价差可能从正值变为负值,价差会大幅度缩小,使牛市套利获利巨大。

2. 熊市套利

当市场出现供给过剩、需求相对不足的情形时，一般来说，较近月份的合约价格下降幅度往往要大于较远期合约价格的下降幅度，或者较近月份的合约价格上升幅度小于较远期合约价格的上升幅度。无论是在正向市场还是在反向市场，在这种情况下，卖出较近月份的合约同时买入远期月份的合约进行套利，盈利的可能性比较大，我们称这种套利为熊市套利。在进行熊市套利时需要注意，当近期合约的价格已经相当低，以至于它不可能进一步偏离远期合约时，进行熊市套利是很难获利的。

例：设交易者在7月8日看到11月份上海期货交易所天然橡胶期货合约价格为21955元/吨，次年1月份合约价格为22420元/吨，前者比后者低465元/吨。交易者预计天然橡胶价格将下跌，11月与次年1月的期货合约的价差将有可能扩大。于是，交易者卖出60手（1手为5吨）11月份天然橡胶期货合约的同时买入60手次年1月份合约。到了9月8日，11月和次年1月的天然橡胶期货价格分别下降为21215元/吨和21775元/吨，两者的价差为560元/吨，价差扩大。交易者同时将两种期货合约平仓，从而完成套利交易。交易结果见表8-3。

表8-3　熊市套利实例

7月8日	卖出60手11月份天然橡胶期货合约，价格为21955元/吨	买入60手次年1月份天然橡胶期货合约，价格为22420元/吨	价差465元/吨
9月8日	买入60手11月份天然橡胶期货合约，价格为21215元/吨	卖出60手次年1月份天然橡胶期货合约，价格为21775元/吨	价差560元/吨
每条"腿"的盈亏状况	盈利740元/吨	亏损645元/吨	价差扩大95元/吨
最终结果	盈利95元/吨，总盈利为95元/吨×60手×5吨/手＝28500元		

注：1手＝5吨。

该例中，交易者预计天然橡胶期货价格将下跌，两个月后天然橡胶期货价格的走势与交易者的判断一致。最终交易结果使套利者获得了28500元的盈利。现假设两个月后天然橡胶期货价格并没有像交易者预计的那样下跌，而是出现了上涨行情，交易者的交易情况见下例。

例：设交易者在7月8日看到11月份上海期货交易所天然橡胶期货合约价格为21955元/吨，次年1月份合约价格为22420元/吨，前者比后者低465元/吨。交易者预计天然橡胶期货价格将下降，11月份与次年1月的期货合约的价差将有可能扩大。于是，交易者在卖出60手（1手为5吨）11月份天然橡胶期货合约的同时买入60手次年1月份的合约。到了9月8日，11月和次年1月的天然橡胶期货价格不降反涨，价格分别上涨至22075元/吨和22625元/吨，两者的价差为550元/吨，价差扩大。交易者同时将两种期货合约平仓，从而完成套利交易。交易结果见表8-4。

表 8-4　熊市套利实例

7月8日	卖出 60 手 11 月份天然橡胶期货合约，价格为 21995 元/吨	买入 60 手次年 1 月份天然橡胶期货合约，价格为 22420 元/吨	价差 465 元/吨
9月8日	买入 60 手 11 月份天然橡胶期货合约，价格为 22075 元/吨	卖出 60 手次年 1 月份天然橡胶期货合约，价格为 22625 元/吨	价差 550 元/吨
每条"腿"的盈亏状况	亏损 120 元/吨	盈利 205 元/吨	价差扩大 85 元/吨
最终结果	盈利 85 元/吨，总盈利为 85 元/吨×60 手×5 吨/手＝25500 元		

注：1 手＝5 吨。

该例中，交易者预计天然橡胶期货价格将下跌，两个月后，天然橡胶价格不跌反涨，虽然天然橡胶期货价格走势与交易者的判断相反，但最终交易结果仍然使套利者获得了 25500 元的盈利。

在上述两个例子中，我们可以发现，只要天然橡胶两个合约月份的价差趋于扩大，交易者就可以实现盈利，而与天然橡胶期货价格的涨跌无关。同样，我们也可以使用买进套利或卖出套利的概念对这两个例子进行判断。该交易者进行的是买进套利，在这两个例子中价差分别扩大了 95 元/吨和 85 元/吨，因此可以判断该套利者每吨盈利为 95 元和 85 元，总盈利为 28500 元和 25500 元。

由上述两个例子可以判断，套利是在正向市场进行的，如果在反向市场上，近期价格要高于远期价格，熊市套利是在卖出近期合约的同时买入远期合约。在这种情况下，熊市套利可以归入卖出套利这一类中，只有在价差缩小时才能够盈利。

3. 蝶式套利

蝶式套利是跨期套利中的又一种常见的形式。它是由共享居中交割月份一个牛市套利和一个熊市套利的跨期套利组合。由于近期和远期月份的期货合约分居于居中月份的两侧，形同蝴蝶的两个翅膀，因此称为蝶式套利。

蝶式套利的具体操作方法是：买入（或卖出）近期月份合约，同时卖出（或买入）居中月份合约，并买入（或卖出）远期月份合约。其中，居中月份合约的数量等于近期月份和远期月份数量之和。这相当于在近期与居中月份之间的牛市（或熊市）套利和在居中月份与远期月份之间的熊市（或牛市）套利的一种组合。例如，套利者同时买入 2份 5 月份的玉米合约，卖出 6 份 7 月份的玉米合约，买入 4 份 9 月份的玉米合约。

蝶式套利与普通的跨期套利的相似之处，是认为同一商品但不同交割月份之间的价差出现了不合理的情况。其不同之处在于，普通的跨期套利只涉及两个交割月份合约的价差，而蝶式套利认为居中交割月份的期货合约价格与两旁交割月份合约价格之间的相关关系出现了差异情况。

例：2 月 1 日，3 月份、5 月份、7 月份的大豆期货合约价格分别为 5050 元/吨、5130 元/吨和 5175 元/吨，某交易者认为 3 月份和 5 月份之间的价差过大而 5 月份和

7月份之间的价差过小,预计3月份和5月份的价差会缩小而5月份与7月份的价差会扩大,于是该交易者以该价格同时买入150手(1手为10吨)3月份大豆期货合约,卖出350手5月份合约,买入200手7月份合约。到了2月18日,三个合约的价格均出现不同幅度的下跌,3月份、5月份和7月份的合约价格分别跌至4850元/吨、4910元/吨和4970元/吨,于是该交易者同时将三个合约平仓。在该蝶式套利操作中,套利者的盈亏状况见表8-5。

表 8-5　蝶式套利盈亏分析

	3月份合约	5月份合约	7月份合约
2月1日	买入150手,5050元/吨	卖出350手,5130元/吨	买入200手,5175元/吨
2月18日	卖出150手,4850元/吨	买入350手,4910元/吨	卖出200手,4970元/吨
各合约盈亏状况	亏损200元/吨 总亏损为200×150×10 =300000元	盈利220元/吨 总盈利为220×350×10 =770000元	亏损205元/吨 总亏损为205×200×10= 410000元
净盈亏	净盈利=-300000+770000-410000=60000元		

注:1手=10吨。

可见,蝶式套利是两个跨期套利互补平衡的组合,可以说是"套利的套利"。蝶式套利与普通的跨期套利相比,从理论上看,风险和利润都较小。

三、跨品种套利

跨品种套利可分为两种情况,一是相关商品间的套利,二是原料与成品间的套利。

(一)相关商品间的套利

一般来说,商品的价格总是围绕着内在价值上下波动,而不同的商品因其内在的某种联系,如需求替代品、需求互补品、生产替代品或生产互补品等,使得它们的价格存在着某种稳定合理的比值关系。但由于受市场、季节、政策等因素的影响,这些有关联的商品之间的比值关系又经常偏离合理的区间,表现出一种商品被高估,另一种被低估,或相反的状况,从而为跨品种套利带来了可能。在此情况下,交易者可以通过期货市场卖出被高估的商品合约,买入被低估的商品合约进行套利,等有利时机出现后分别平仓,从中获利。例如,铜和铝都可以用作电线的生产原材料,两者之间具有较强的可替代性,铜的价格上升会引起铝的需求量上升,从而导致铝的价格上涨。因此,当铜和铝的价格关系脱离了正常水平时,就可以用这两个品种进行跨品种套利。具体做法是:买入(或卖出)一定数量的铜期货合约,同时卖出(或买入)与铜期货合约交割月份相同、价值量相当的铝期货合约,待将来价差发生有利变化时再分别平仓了结,以期获得价差变化的收益。

例:6月1日,上海期货交易所次年3月份铜期货合约价格为54390元/吨,次年3

月份的铝期货合约价格为 15700 万吨,前一合约价格比后者高 38690 元/吨。套利者根据两种商品合约间的价差分析,认为价差小于合理的水平,如果市场机制运行正常,这两者之间的价差会恢复正常,于是套利者决定在买入 30 手(1 手为 5 吨)次年 3 月份铜期货合约的同时,卖出 30 手次年 3 月份铝期货合约,以期未来某个有利时机同时平仓获取利润。6 月 28 日,该套利者以 54020 元/吨卖出 30 手次年 3 月份铜合约的同时,以 15265 元/吨买入 30 手次年 3 月份铝合约。交易情况见表 8-6。

表 8-6 沪铜/铝套利实例

6 月 1 日	买入 30 手次年 3 月份铜合约,价格为 54390 元/吨	卖出 30 手次年 3 月份铝合约,价格为 15700 元/吨	价差 38690 元/吨
6 月 28 日	卖出 30 手次年 3 月份铜合约,价格为 54020 元/吨	买入 30 手次年 3 月份铝合约,价格为 15265 元/吨	价差 38755 元/吨
套利结果	亏损 370 元/吨	盈利 435 元/吨	价差扩大 65 元/吨
净盈亏	净盈利＝(－370＋435)元/吨×30 手×5 吨/手＝9750 元		

注:1 手＝5 吨。

(二)原料与成品间的套利

原料与成品间的套利是指利用原材料商品和它的制成品之间的价格关系进行套利。最典型的是大豆与其两种制成品——豆油和豆粕之间的套利。在我国,大豆与豆油、豆粕之间一般存在着"100％大豆＝17％豆油＋80％豆粕＋3％损耗"的关系(注:出油率的高低和损耗率的高低要受大豆的品质和提取技术的影响,因而比例关系也处在变化之中)。因而,也就存在"100％大豆×购进价格＋加工费用＋利润＝18％的豆油×销售价格＋78.5％豆粕×销售价格"的平衡关系。三种商品之间的套利有两种做法:大豆提油套利和反向大豆提油套利。

1.大豆提油套利

大豆提油套利是大豆加工商在市场价格关系基本正常时进行的,目的是防止大豆价格突然上涨,或豆油、豆粕价格突然下跌,从而产生亏损或使已产生的亏损降至更低。由于大豆的购买和产品的销售不能够同时进行,因而存在着一定的价格变动风险。

大豆提油套利的做法是:在购买大豆期货合约的同时卖出豆油和豆粕的期货合约,当在现货市场上购入大豆或将成品最终销售时再将期货合约对冲平仓。这样,大豆加工商就可以锁定产成品和原料间的价差,防止市场价格波动带来的损失。

2.反向大豆提油套利

反向大豆提油套利是大豆加工商在市场价格反常时采用的套利。当大豆价格受某些因素的影响出现大幅上涨时,大豆可能与其产品出现价格倒挂,大豆加工商将会采取反向大豆提油套利的做法,卖出大豆期货合约,买进豆油和豆粕的期货合约,同时缩减生产，减少豆粕和豆油的供给量，三者之间的价格将会趋于正常，大豆加工商在期货市场中的盈利将有助于弥补现货市场中的亏损。

四、跨市套利

在期货市场上，许多交易所都交易相同或相似的期货商品，如芝加哥期货交易所、大连商品交易所、东京谷物交易所都进行玉米、大豆期货交易，伦敦金属交易所、上海期货交易所、纽约商业交易所都进行铜、铝等有色金属交易。一般来说，这些品种在各交易所间的价格会有一个稳定的差额，一旦这一差额发生短期的变化，交易者就可以在这两个市场间进行套利，购买价格相对较低的合约，卖出价格相对较高的合约，以期在期货价格趋于正常时平仓，赚取低风险利润。

例：7月1日，堪萨斯期货交易所12月份小麦期货合约价格为730美分/蒲式耳，同日，芝加哥交易所12月份小麦期货合约价格为740美分/蒲式耳。套利者认为，虽然堪萨斯期货交易所的合约价格较低，但和正常情况相比仍稍高，预测两交易所12月份合约的价差将扩大。据此分析，套利者决定卖出20手(1手为5000蒲式耳)堪萨斯期货交易所12月份的小麦期货合约，同时买入20手芝加哥交易所12月份的小麦期货合约，以期在未来某个有利时机同时平仓获取利润。交易情况见表8-7。

表 8-7 跨市套利实例

7月1日	卖出20手堪萨斯期货交易所12月份小麦合约，价格为730美分/蒲式耳	买入20手芝加哥交易所12月份小麦合约，价格为740美分/蒲式耳	价差10美分/蒲式耳
7月10日	买入20手堪萨斯期货交易所12月份小麦合约，价格为720美分/蒲式耳	卖出20手芝加哥交易所12月份小麦合约，价格为735美分/蒲式耳	价差15美分/蒲式耳
套利结果	每手获利10美分/蒲式耳	每手亏损5美分/蒲式耳	价差扩大5美分/蒲式耳
净盈亏	净盈利=(0.1−0.05)美元/蒲式耳×20手×5000蒲式耳/手=5000美元		

注：1手＝5000蒲式耳。

五、期货套利操作风险及操作要点

为使期货套利者最大限度地规避可能产生的风险，增加获利的机会，期货套利交易者在实际操作过程中应该注意一些基本要点。

(一)套利必须坚持同时进出

进行套利时，必须坚持同时进出，也就是开仓时同时买入卖出，平仓时也要同时卖出买入。在实际操作中，套利者在进行套利开仓时，通常是同时买入和卖出的。但是在准备平仓的时候，许多套利者自以为是，先了结价格有利的那笔交易。这样他在

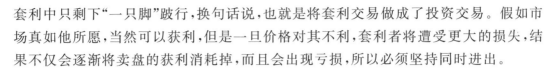

套利中只剩下"一只脚"跛行,换句话说,也就是将套利交易做成了投资交易。假如市场真如他所愿,当然可以获利,但是一旦价格对其不利,套利者将遭受更大的损失,结果不仅会逐渐将卖盘的获利消耗掉,而且会出现亏损,所以必须坚持同时进出。

(二)下单报价时明确指出价格差

根据国外交易所的规定,在套利交易中,无论是开仓还是平仓,下达交易指令时,都要明确写明买入合约与卖出合约之间的价格差。套利的关键在于合约间的价格差,与价格的特定水平没有关系。以价格差代替具体价格,可以更加灵活,只要价差符合,可以按任何价格成交。

(三)不要在陌生的市场做套利交易

这实际上是一个常识问题。由于套利者一般是通过合约之间的价差赚取利润的,而对具体的商品并无要求,因此,套利者通常关心的是合约之间的价差,而对交易的期货品种并没有浓厚的兴趣。但是在农产品期货市场的跨期套利和跨市套利中,套利者必须了解该农产品何时收获上市、年景如何、仓储运输条件如何。在进行套利前,必须具备这些基本知识,否则应该远离这个市场。

(四)不能因为低风险和低额保证金而做超额套利

套利确实有降低风险的作用,而且国外交易所为了鼓励套利,套利的保证金数额比一般的投资交易低 25%—75%。可是不要以为这样就可以盲目扩大交易数量,因为这样一来,如果价差并不向预期的方向发展,那么投资者面临的亏损额与他的合约数量是成正比的,无形中增加了风险。此外,超额套利后,佣金也随套利量的增加而增加,套利的优势也无法正常地发挥出来。

(五)不要用锁单来保护已亏损的单盘交易

锁单不是套利交易,锁单无法把握不同合约间的价差收益。在期货市场上进行交易,输赢是正常的,在出现亏损时就应该忍痛了结,不肯服输的投资者有时可能会出现更大的损失。但是在实际交易过程中,有的投资者买入一份期货合约后,价格出现节节下跌,本来应该迅速平仓出场,可他仍寄希望于奇迹发生,即价格出现反弹,于是继续留在市场中观望。为了避免更糟的情况发生,他又卖出同一种期货合约以形成套利的模式。其理由是:如果价格继续下跌,卖出的这份合约将可以补偿当初买入合约的一部分损失。但事实上后来卖出的期货合约只能起到使已有损失不再扩大的作用,先前买入的期货合约的亏损已经客观存在,采用锁单的方法是无法将其挽回的。

(六)注意套利的佣金支出

一般来说,套利是同时做两笔交易,期货经纪商总是想从投资者的套利中收取双份的金额佣金。在如何征收套利的佣金上,各方看法不一,各个交易所的规定也不同。按国外的惯例,套利的佣金比一个单盘交易的佣金要高,但又不及一个单盘交易的两倍。当投资者下达套利指令时,应明确表示这是一笔套利。如果投资者不能做到将进行套利的两笔交易同时进场和出场,则期货经纪商和交易所是不会承认这是一笔套利交易的,佣金仍要按两笔单盘交易收取。虽然佣金占交易额的比例较小,但如果交易额巨大,佣金也是一笔不小的支出。

另外,在跨市套利的操作中,还应特别注意以下几方面因素:第一,运输费用。运输费用是决定同一品种在不同交易所间价差的主要因素。一般来说,离产地较近的交易所期货价格较低,离产地较远的期货交易所期货价格较高,两者之间的正常差价为两地间的运费。投资者在进行跨市套利时,应着重考虑两地间的运输费用差价的关系。第二,交割品级的差异。跨市套利虽然是在同一品种间进行的,但不同交易所对交割品的品质级别和替代品升贴水有不同的规定,这在一定程度上造成了各交易所间价格的差别。投资者在进行跨市套利时,对此应有充分的了解。第三,交易单位和报价体系。投资者在进行跨市套利时,可能会遇到交易单位和报价体系不一致的问题,应将不同交易所的价格按相同计量单位进行折算,才能进行价格比较。第四,汇率波动。如果在不同国家的市场进行套利,还要承担汇率波动的风险。投资者在进行套利前,应对可能出现的损失进行全面估量。第五,保证金和佣金成本。跨市套利需要投资者在两个市场缴纳保证金和佣金,保证金的占用成本和佣金费用要计入投资者的成本之中。只有交易者预计的套利收益高于上述成本时,才可以进行跨市套利。

应当指出的是,套利尽管从总体上来说风险较小,但期货市场是复杂多变的,理论上风险较小不等于实践中风险就一定小,当套利遇到诸如现货交割月、市场供求状况急剧变化以及其他破坏正常价格关系的情况时,仍然具有相当大的风险性。对此,交易者应对自己的交易策略和模型进行认真设计,反复验证,以确保成功率。

课后思考题

(1)期货投资与套期保值有何区别?

(2)期货投资与股票投资有何区别?

(3)期货投资者有哪些类型?

(4)期货投资交易有什么作用?

(5)期货套利与投资的区别是什么?

(6)期货套利有什么作用?

课后习题讲解

第九章 商品期权与期权交易策略

导入案例

2022年8月26日，菜籽油和花生期权在郑州商品交易所正式挂牌交易。这意味着国内主要油脂油料品种实现风险管理工具全覆盖，将为菜系及花生产业链企业规避风险提供更全面的工具和避险方案，进一步提高企业风险管理操作的便利性、灵活性。

导入案例讲解

厦门建发物产期货部总经理刘涛表示："菜籽油期权的上市有利于解决企业管理采购、生产、销售环节所遇到的不同风险，使业务管理向多维度、精细化方向发展，业务模式具有更多创新的可能。产业链上下游企业在利用衍生工具时，能够在不同市场背景、不同市场判断和不同购销期限等情况下采取更有针对性的策略。"开封粮食产业集团董事长扶伟指出，花生期权是更为精细的风险管理工具，交易成本相对较低，资金使用率高。在参与方式上，企业可以向上游农户大面积推广"订单农业＋价格保险"，在稳定上游农户种植、保护农户收益的同时，保证下游企业原料需求，实现稳定经营；可以在传统贸易基础上推广含权贸易，免费赠送给买卖双方一个"保险"，让双方"卖得放心、买得舒心"。

案例思考

为什么在推出菜籽油期货之后还要推出期权产品，期权和期货会给企业经营带来哪些影响？期货和期权产品的差异性在哪里？

第一节 商品期权概述

一、期权的含义和特点

（一）期权的含义

期权，也称为选择权，是指期权的买方有权在约定的期限内，按照

知识点讲解

事先确定的价格,买入或卖出一定数量某种特定商品或金融工具的权利。

期权交易是一种权利的买卖,期权的买方在买入期权后,便取得了买入或卖出标的资产的权利。该权利为选择权,买方在约定的期限内既可以行使买入或卖出标的资产的权利,也可以放弃行使权利,当买方选择行权时,卖方必须履约。到期日之后买方没有行权,则期权作废,买卖双方权利义务随之解除。

(二)期权的主要特点

与其他交易相比,期权交易的最大特点是买卖双方权利、义务、收益和风险均不对等,且损益状态为非线性,具体分析如下:

(1)权利不对等,期权合约中约定的买入或卖出标的物的选择权归属买方。

(2)义务不对等,期权卖方负有必须履约的义务。

(3)收益和风险不对等。当标的物市场价格向有利于买方方向变动时,买方可能获得巨大收益,卖方则会遭受巨大损失;当标的物市场价格向不利于买方方向变动时,如看涨期权标的物市场价格下跌或看跌期权标的物市场价格上涨,买方会放弃行权,如果期权作废的话,买方会损失购买期权的全部费用,即权利金。但买方可在到期前将期权卖出平仓,虽然期权价格下跌也会带来部分损失,但不会造成全部权利金损失。所以,买方最大损失为购买期权的权利金,这也是卖方的最大收益。通常情况下,期权费远远低于标的物的市场价格。期权买方,特别是购买虚值期权的损失远低于标的资产不利变动给持有者带来的损失。与买方收益和风险相对应,期权卖方在收到买方支付的权利金后,便负有了必须履约的义务,如果买方要求行权,则被结算机构指定履约的卖方,必须以执行价格(低于标的资产的市场价格)将标的资产卖给看涨期权买方,或以执行价格(高于标的资产的市场价格)从看跌期权买方处购买标的资产;如果期权买方放弃行权,卖方可获得权利金收入,期权卖方也可以通过买进与所卖出的期权同类、执行价格也相同的期权进行对冲平仓,但买卖价差的收益(如果有的话)会低于权利金收入。所以,在期权交易中,买方的最大损失为权利金,潜在收益巨大;卖方的最大收益为权利金,潜在损失巨大。

(4)保证金缴纳情况不同。因为卖方面临较大风险,所以必需缴纳保证金作为履约担保;而买方的最大风险仅限于已经支付的期权费,所以无须缴纳保证金。

(5)独特的非线性损益结构。期权交易的非线性盈亏状态与证券交易、期货交易等线性的盈亏状态有本质的区别。

以看涨期权买方损益状态为例:当标的物市场价格小于执行价格时,看涨期权买方处于亏损状态,但最大损失为期权金(不考虑交易费用,本章所介绍的损益分析均为不考虑交易费用的情形),并不随标的物市场价格的下跌而增加;当标的物市场价格上涨至执行价格以上时,期权买方开始盈利,其盈利随着标的物市场价格的上涨而增加。以上情况表明,期权交易者的损益并不随标的物市场价格的变化而进行线性

变化,其最大损益状态变化趋势是折线而不是一条直线,即在执行价格的位置发生转折。

正是期权的非线性损益结构,使其在风险管理、组合投资等方面具有明显的优势。通过不同期权、期权与其他投资工具的组合,投资者可以探索出不同风险和损益状况的组合策略。

二、期权的基本类型

期权可以从不同角度进行分类,常见的期权分类方式有以下两种。

(一)美式期权和欧式期权

按照对买方行权时间规定的不同,可以将期权分为美式期权和欧式期权。

(1)美式期权。美式期权是指期权买方在期权到期日前(含到期日)的任何交易日都可以行使权利的期权。

(2)欧式期权。欧式期权是指期权买方只能在期权到期日行使权利的期权。

无论是美式期权还是欧式期权,在期权到期日之后买卖双方权利义务均消除。

美式期权与欧式期权的划分并无地域上的区别,市场上交易最多的是美式期权,欧式期权多用于现金结算的期权。

按照对买方行权时间规定的不同,比较常见的期权还有百慕大期权。

百慕大期权是一种可以在到期日前规定的一系列时间内行权的期权。介于欧式期权与美式期权之间,百慕大期权允许持有人在期权有效期内某几个特定日期执行期权。比如,期权可以有 3 年的到期时间,期权买方可以在 3 年中每一年的最后一个月行权。

(二)看涨期权和看跌期权

按照买方行权方向的不同,可将期权分为看涨期权和看跌期权。

1.看涨期权

看涨期权的买方享有选择购买标的资产的权利,所以看涨期权也称为买权、认购期权。

具体而言,看涨期权是指期权的买方向卖方支付一定数额的期权费后,拥有在合约有效期内或特定时间,按执行价格向期权卖方买入一定数量标的物的权利,但不负有必须买进的义务。

例如,某交易者于 2012 年 9 月 12 日以 1.33 美元/桶的价格购买了 10 手(每手1000 桶)CME 上市的执行价格为 90 美元/桶的美式原油期货看涨期权,该交易者便拥有了在 2012 年 12 月某日(合约到期日)前的任何交易日,以 90 美元/桶的价格购买 10 手原油期货的权利,但不负有必须买进的义务。如果在合约有效期内原油期货价格一直低于 90 美元/桶,该交易者可放弃行使权利,其最大损失为购买该期权的费用 1.33 美元/桶,10 手最大损失合计 13300 美元。他也可以在期权到期日前将期权卖出,可以部分冲抵买入期权的权利金损失。

2. 看跌期权

看跌期权的买方享有选择出售标的资产的权利,所以看跌期权也称为卖权、认沽期权。

具体而言,看跌期权是指期权的买方向卖方支付一定数额的期权费后,拥有在合约有效期内或特定时间,按执行价格向期权卖方出售一定数量标的物的权利,但不负有必须出售的义务。

例如,某交易者于 2012 年 9 月 12 日以 4.93 美元/桶的价格购买了 10 手 CME 上市的执行价格为 90 美元/桶的美式原油期货看跌期权,该交易者便拥有了在 2012 年 12 月某日(合约到期日)及之前的任何交易日,以 90 美元/桶的价格卖出 10 手原油期货的权利,但不负有必须卖出的义务。如果在合约有效期内原油期货价格一直高于 90 美元/桶,该交易者可放弃行使权利,其最大损失为购买该期权的费用4.93 美元/桶,10 手最大损失合计 49300 美元。他也可以在期权到期日前将期权卖出,以减少买入损失。

除以上常见的期权类型(普通期权)外,还有一些奇异期权。亚式期权即为目前金融衍生品市场上交易最为活跃的奇异期权之一。

亚式期权又称为平均价格期权,是股票期权的衍生,是在总结真实期权、虚拟期权和优先认股权等期权实施的经验教训基础上推出的。

亚式期权与普通期权的差别是对执行价格的限制,其执行价格为期权合同期内某段时间标的资产价格的平均值,这段时间被称为平均期。在对价格进行平均时,采用算术平均或几何平均。

三、期权的基本要素和期权合约

(一)期权的基本要素

期权要素是指期权交易时所涉及或必须考虑的基本因素或指标,包括执行价格、期权费、标的物、行权方向、行权时间、有效期、到期日、保证金等。

1. 标的资产

标的资产也称为标的物,是期权买方行权时从卖方手中买入或出售给卖方的资产。期权买方在未来买进或卖出的标的物由期权合约事先约定。

期权合约的标的物可以是现货商品,也可以是期货合约;可以是实物资产,也可以是金融资产。与标的物相对应,期权被称为现货期权、期货期权、实物(或商品)期权、金融期权。

期权合约的标的物又可以分为金融现货、金融期货、商品现货、商品期货,对应的期权被称为金融现货期权（如股票期权、债券期权、外汇期权等）、金融期货期权（如股票价格指数期货期权、债券期货期权、外汇期货期权等）、商品现货期权（如东航与高盛签署的场外结构性燃油期权合约即是场外商品现货期权）、商品期货期权（标的物是交易所交易的商品期货合约）。在 CME 交易的金融期货合约和商品期货合约，几乎都有相应的期权合约在该交易所挂牌交易。

2. 有效期和到期日

有效期，是交易者自持有期权合约日至期权到期日的期限。交易所挂牌交易的期权，自挂牌交易第一天起至合约到期，可以是几个月，也可以长达两年、三年。期限不足一年的期权被称为短期期权，期限为两年或三年的期权被称为长期期权。

到期日是买方可以行使权利的最后期限，为期权合约月份的某一天。美式期权的买方在有效期内（含到期日）的任何交易日都可以行使期权，欧式期权的买方只能在到期日行使期权。

3. 执行价格

执行价格也称为行权价格、履约价格、敲定价格，是期权买方行使权利时，买卖双方交割标的物所依据的价格。场外期权的执行价格由交易者协商决定，场内期权的执行价格由交易所给出。

对于同一交易月份的同类期权（标的物相同的看涨或看跌期权），交易所通常按阶梯形式给出几个甚至几百个执行价格。例如，2012 年 9 月 21 日在 CME 交易的OCT 12（2012 年 10 月到期）美国 10 年期国债期货期权合约，交易所推出的不同执行价格的看涨和看跌期权共有 107 个，该期权合约的看涨和看跌期权，可供选择的执行价格共有 123 个。同日，在该交易所交易的 OCT 12 欧洲美元期货期权，看涨和看跌期权的执行价格共有 59 个。每种期权有多少个执行价格取决于该种期权的标的物市场价格的波动幅度，交易所根据标的物市场价格波动幅度适时调整执行价格的数量。标的物价格波动幅度越大，可供选择的执行价格的数量越多。

同一个标的资产、具有相同行权时间规定（即美式或欧式期权）、不同合约月份的所有看涨期权（或看跌期权）被称为一个"同类期权"，即一个同类期权，由相同标的资产、相同行权时间规定、相同行权方向、不同合约月份的期权组成。例如，香港交易所ZYX 股票的所有不同月份的看涨期权为一个同类期权，该股票的所有不同月份的看跌期权也是一个同类期权。

同类期权中同一合约月份的所有不同执行价格的期权被称为"期权系列"，即同一期权系列，由相同标的资产、相同行权时间规定、相同到期月份、相同行权方向、不同执行价格的期权组成。例如，2012 年 9 月 21 日在 CME 交易的 OCT 12 美国 10 年期国债期货期权合约，一个期权系列共有 107 个不同执行价格的看涨期权和看跌期权，同类期权中 DEC 12 期权系列共有 123 个价格不同的看涨期权和看跌期权。由于市场环境不同，某一期权系列在不同的时期，交易所推出的执行价格的数量也不相同。

4. 期权费

期权费即期权价格,也称为权利金、保险费,是指期权买方为取得期权合约所赋予的权利而支付给卖方的费用。场外期权的期权费由交易双方协商决定;对于交易所期权,交易双方依据所选定的看涨期权或看跌期权的执行价格,竞价决定期权价格。

5. 行权方向和行权时间

期权交易者依据对标的物市场价格未来的判断和交易目的,选择所交易期权的行权方向,即选择买进或卖出看涨期权或看跌期权;同时要了解所选择或交易的期权的行权时间,即所交易的期权是美式期权还是欧式期权。

6. 保证金

保证金,是期权交易者向结算机构支付的履约保证资金。由于期权卖方收益有限而风险很大,为防止期权卖方违约,交易所或结算公司会按照标的资产价值的一定比例向卖方收取保证金。买方风险仅限于已经支付的期权费,所以无须缴纳保证金。

(二)期权合约

交易所交易的期权合约与期货合约相似,是由交易所统一制定的标准化合约。除期权价格外,其他期权相关条款均在期权合约中列明。场外期权为非标准合约,合约格式和内容由交易双方协商决定。以下介绍的期权合约相关内容均为场内期权的相应内容。

对于期货期权,由于其标的物是相关期货合约,在设计期权合约时,相关条款要考虑标的期货合约的条款。因此,期权合约条款与标的期货合约存在一定的关系。

期权合约与标的期货合约有很多相关联的条款,但也存在一定的不同。如,因为期货期权交易的对象是买进或卖出标的期货合约的权利,所以期权合约不涉及交割等相关内容,期货合约中必须列明的交割等级、最后交割日等条款不会在期权合约中列出,行权、合约到期时间等涉及履约的相关条款,在期货合约中则不会存在。

虽然交易所上市的期权合约是标准化的,但不同的期权品种、不同交易所设计的期权合约,列出的条款和具体规定有所不同。下面对期权合约的主要条款及内容进行介绍。

1. 合约规模

合约规模也称交易单位,是指每手期权合约未来能够买进或卖出标的物的数量。通常情况下,期货期权合约的交易单位为一张标的期货合约,股指期货期权的合约规模为一张指数期货合约(同时要列出合约乘数),股票期权的交易单位为一手标的股票,但也存在期权合约交易单位与标的期货合约交易单位或标的股票交易单位不同的情形。

2. 执行价格的相关规定

在期权合约中，通常会列出执行价格的推出规则、执行价格间距等相关规定，或在交易规则中给出相关规定。不同交易所或同一交易所不同的期权合约，执行价格的推出方式和给出数量不同，同一期权合约不同的执行价格段，执行价格的间距也不相同。

3. 最小变动价位

最小变动价位是指买卖双方在出价时，价格较上一成交价变动的最低值。最小变动价位还可能隐含着买卖双方应该如何报价的规则。例如，在 CME 交易的大豆期权合约，最小变动价位为 0.125 美分/蒲式耳，当报价为 22'3 美分/蒲式耳的期权合约，实际价格为 22.375（22＋3×0.125＝22.375）美分/蒲式耳，报价为 37'5 美分/蒲式耳的期权合约，实际价格为 37.625（37＋5×0.125＝37.625）美分/蒲式耳。

每张合约的最小变动值等于最小变动价位乘以标的期货合约的合约规模。例如，在 CME 交易的大豆期货合约，合约规模为 5000 蒲式耳，则大豆期货期权合约的最小变动值为 5000×0.00125＝6.25 美元。

欧洲美元期权合约，标的资产为 13 周（3 个月期）的欧洲美元期货合约，合约规模为 1000000 美元，最小变动价位为 1/4 个基点，即 0.01%/4＝0.0025%（1 个基点为 0.01%），最小变动值为（1000000×3/12）×0.01%/4＝6.25 美元。

美国 10 年期国债期货期权，合约规模为 100000 美元，最小变动价位为 1/64 点（1 点为合约面值的 1%），最小变动值为 100000×1%/64＝15.625 美元。

4. 合约月份

合约月份指期权合约的到期月份。与期货合约的合约月份相似，在交易所上市的期权品种，交易所会推出多个到期月份不同的期权合约。

通常情况下，期货期权的到期月与标的期货合约的到期月相同（连续期权合约除外）。

5. 最后交易日

最后交易日是指期权合约能够在交易所交易的最后日期。为了在执行期权后交易双方有一定的时间处理所获得的标的期货合约头寸，期权合约的最后交易日较标的期货合约的最后交易日要提前一些。例如，CME 交易的 GBP/USD 期权合约的最后交易日为合约月份的第三个星期三前数第二个星期五（美国中部时间下午 2 时停止交易）；相同到期月份的标的期货合约的最后交易日为合约月份的第三个星期三前数第二个交易日（美国中部时间下午 2 时停止交易）。如某一期货期权合约的最后交易日是 2012 年 12 月 7 日（2012 年 12 月的第三个星期三是 2012 年 12 月 19 日，前数一个星期五是 12 月 14 日，前数两个星期五是 12 月 7 日），该期货合约的最后交易日为 2012 年 12 月 17 日。

通常情况下，期权多头在最后交易日执行期权，至少有一天以上的时间转让标的资产头寸,除非他们愿意持有标的资产。

6.期权执行

该条款主要给出期权买方执行期权的方式和时间。

例如,CME 交易的大豆期货期权合约规定,在期权合约到期前任何时间,期权买方都有权力行权,将期权头寸转为期货头寸,但必须在芝加哥时间下午 6 时前通知结算所。期权到期后,实值期权将被自动执行(除非持仓者提出拒绝执行期权的要求)。所以,持有实值期权的买方不需要担心期权过期作废。

7.合约到期时间

合约到期时间,是指期权买方能够行使权利的最后时间,过了该时间,没有被执行的期权合约停止行权(该条款有时也与期权执行并为一项,在规定合约到期时间,对行权方式进行相关规定)。

期权到期时间可以和合约最后交易时间相间,但大部分期权和合约不同。如香港交易所上市的股票期权,行权方式为:期权买方可在任何营业日(包括最后交易日)的下午 6 时 45 分之前随时行权,合约的最后交易时间为最后交易日的下午 4 时。CME 交易的大豆、小麦、玉米、标准普尔 500、利率互换等期货期权合约均列出了合约到期时间条款,规定的合约终止执行时间为最后交易日下午 7 时,合约的交易截止时间为下午 1 时 15 分、3 时 15 分等。

可见,对于合约到期在最后交易日交易时间之后的期权,当期权在交易所停止交易后,期权的买方仍有机会执行期权。

除以上所列出的主要条款外,期权合约会列出交易时间、每日价格限制等条款。

表 9-1 CME 大豆期货期权合约

项目	大豆期货期权合约
合约规模	一张 5000 蒲式耳的大豆期货合约(特定月份)
最小变动价位	0.125 美分/蒲式耳(每份合约 6.25 美元)
执行价格间距	10 美分或 20 美分/蒲式耳的整数倍
合约月份/符号	1 月(F),3 月(H),5 月(K),7 月(N),8 月(Q),9 月(U),11 月(X)。若近期不是标准期权合约,将提供月度(连续)期权合约。该连续期权合约在执行时将转为最近月份的期货合约。例如,10 月份的连续期权合约执行后转为 11 月份的期货合约
每日价格限制	0.7 美元/蒲式耳,当临近收盘限制买入或卖出时可以扩大到 1.05 至 1.60 美元/蒲式耳,最后交易日不设价格限制
最后交易日	标准及连续期权合约:期权月份前一个月的最后一个交易日至少前数两个交易日之前的最后一个周五。如该周五不是营业日,最后交易日将是该周五前一个营业日

续　表

项目	大豆期货期权合约	
行权	在期权到期前的任何交易时间,期权买方都可以执行期权,但必须在芝加哥时间下午6:00前通知结算所。期权执行结果将转为标的期货头寸,实值期权在最后交易日将被自动执行	
到期	在最后交易日下午7:00,没有被执行的期货期权到期作废	
交易时间	CME电子交易平台	周日到周五,美国中部时间下午6:00—上午7:15,上午9:30—下午1:15
	公开喊价(交易所内的交易场地)	周一到周五,美国中部时间上午9:30—下午1:15
代码	CME电子交易平台	OZS S=Clearing
	公开喊价(交易所内的交易场地)	看涨期权CZ/看跌期权PZ
交易规则	本合约列出的及服从CBOT的交易规则和制度	

表格注意事项:(1)标准期权合约和连续期权合约。在交易所上市的期权合约中,与期货合约在交易所挂牌交易相同,当某月份的合约到期时,与该月份相同的下一年度或下一期到期的合约会上市交易,即交易所上市的大部分期权合约和期货合约在一年中的任何交易日都挂牌循环交易,但也有一部分合约只在临近交割月才上市交易。如果某期权品种存在以上两类合约,则前一类被称为标准期权合约,后一类被称为连续期权合约。

(2)对于连续期权合约,第一,合约仅在临近交割月份推出,如10月份到期的连续期权合约可能在8月推出,合约的交易时间比较短。第二,如果连续期权合约没有对应的标的期货合约,则以后面最近月份的期货合约作为履约合约。所以,连续期权合约与后面最近月份的标准期权合约拥有同一个标的期货合约。第三,不同标的物的期权合约,推出连续期权合约的规定不同。

表9-2　CME(COMEX)黄金期货期权合约

项目	黄金期货期权合约	
合约规模	一份COMEX黄金期货合约	
最小变动价位	每盎司0.1美元	
报价	每盎司美元和美分	
交易时间	CME Globe 电子交易:	周日至周五,下午5:00至下午6:00(芝加哥/中部时间下午4:00至下午5:00),每天从下午5:00(中部时间下午4:00)开始有60分钟短暂休市时间
	CME ClearPort	周日至周五,下午5:00至下午6:00(芝加哥/中部时间下午4:00—下午5:00),每天从下午5:00(中部时间下午4:00)开始有60分钟短暂休市时间
产品代码	CME Globex电子交易:OG CME ClearPort:OG 清算所(Clearing):OG	

项目	黄金期货期权合约
上市合约	黄金期货期权应该在每个最近的二十(20)个连续期货合约月上市交易。此外,6月和12月合约将从目前上市月份上市72个月
交易终止	期权合约月之前一个月的月底之前四个工作日到期。如果到期日为周五或是交易所假日之前,到期日将为前一个工作日
头寸限制	现货初始月3000
大宗最小限额	50手
价格限制或熔断	没有独立的价格限制,联合参考黄金期货合约规定
供应商报价代码	OG
执行价格	按期货合约进行交易
执行价格间距	在每个交易日开始时,本合同应遵循COMEX特别规则第589条规定的波动极限和特别价格波动限制
行权方式	美式
结算方法	可实物交割
标的产品	黄金期货
交易规则	COMEX的交易规则和制度

第二节　期权价格及影响因素

本节主要介绍期权的价格及取值范围、期权价格构成和影响期权价格的基本因素等内容。

知识点讲解

一、期权价格及取值范围

期权价格,即权利金,是期权买方为取得期权合约所赋予的权利而支付给卖方的费用。依据期权的特点,权利金的取值范围如下。

(一)期权的权利金不可能为负

由于买方付出权利金后便取得了未来买入或卖出标的物的权利,除权利金外不会有任何损失或潜在风险,所以期权的权利金不会小于0。

(二)看涨期权的权利金不应该高于标的物的市场价格

当标的物的市场价格跌至0时,投资者的最大损失为标的物市场价格,但通常情况下损失会小于标的物的市场价格。如果投资者既希望获得标的物市场价格上涨带来的收益,又希望价格下跌时风险可控,就可通过购买看涨期权的方式持有标的物。价格上涨时,投资者按照约定的执行价格取得标的物,成本为执行价格与权利金之

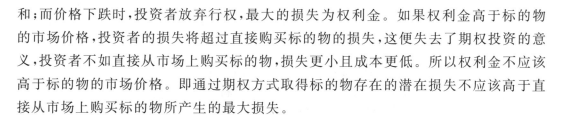

和；而价格下跌时，投资者放弃行权，最大的损失为权利金。如果权利金高于标的物的市场价格，投资者的损失将超过直接购买标的物的损失，这便失去了期权投资的意义，投资者不如直接从市场上购买标的物，损失更小且成本更低。所以权利金不应该高于标的物的市场价格。即通过期权方式取得标的物存在的潜在损失不应该高于直接从市场上购买标的物所产生的最大损失。

（三）美式看跌期权的权利金不应该高于执行价格，欧式看跌期权的权利金不应该高于执行价格以无风险利率从期权到期贴现至交易初始时的现值

投资者预期标的物市场价格下跌，又担心卖出后价格会上涨，就可通过购买欧式看跌期权的方式卖出标的物。与购买美式看跌期权不同的是，欧式期权的买方在期权到期时方可行权，将按执行价格卖出标的物所得 X 折成现值：$X/1([1+r(T-t)])$。同理，现值应大于期权权利金，否则投资者将产生负的行权收益，而不行权将损失权利金。所以，欧式看跌期权的权利金不应该高于执行价格以无风险利率从期权到期贴现至交易初始时的现值。

二、期权价格构成

期权价格由内涵价值和时间价值决定。

（一）内涵价值

1. 内涵价值的含义及计算

期权的内涵价值是指在不考虑交易费用和期权费的情况下，买方立即执行期权合约可获取的收益。

内涵价值由期权合约的执行价格与标的物市场价格的关系决定：

看涨期权的内涵价值＝标的物的市场价格－执行价格；

看跌期权的内涵价值＝执行价格－标的物的市场价格。

如果计算结果小于 0，则内涵价值等于 0。所以，期权的内涵价值总是大于等于 0。

2. 实值期权、虚值期权和平值期权

按照执行期权所获得的收益情况的不同，可将期权分为实值期权、虚值期权和平值期权（见表 9-3）。

实值期权，也称期权处于实值状态，是指在不考虑交易费用和期权权利金的情况下，买方立即执行期权合约所获得的收益大于 0 的期权，即内涵价值大于 0 的期权。对于实值期权，看涨期权的执行价格低于其标的物市场价格、看跌期权的执行价格高于其标的物的市场价格。

当看涨期权的执行价格远远低于其标的物的市场价格，看跌期权的执行价格远远高于其标的物的市场价格时，该期权被称为深度或极度实值期权。

虚值期权,也称期权处于虚值状态,是指在不考虑交易费用和期权权利金的情况下,买方立即执行期权合约将产生亏损的期权,即虚值期权的内涵价值等于 0。对于虚值期权,看涨期权的执行价格高于其标的物的市场价格,看跌期权的执行价格低于其标的物市场价格。

当看涨期权的执行价格远远高于其标的物的市场价格,看跌期权的执行价格远远低于其标的物市场价格时,虚值期权也被称为深度或极度虚值期权。

平值期权,也称期权处于平衡状态,是指在不考虑交易费用和期权权利金的情况下,买方立即执行期权合约会导致盈亏相抵的期权,与虚值期权相同,平值期权的内涵价值也等于 0。对于平值期权,期权的执行价格等于其标的物的市场价格。

表 9-3　实值、平值与虚值期权的关系

期权类型	看涨期权	看跌期权
实值期权	执行价格＜标的物的市场价格	执行价格＞标的物的市场价格
虚值期权	执行价格＞标的物的市场价格	执行价格＜标的物的市场价格
平值期权	执行价格＝标的物的市场价格	执行价格＝标的物的市场价格

如果某个看涨期权处于实值状态,执行价格和标的物相同的看跌期权一定处于虚值状态,反之亦然。

例如,12 月份到期,执行价格为 450 美分/蒲式耳的玉米期货看跌期权,当其标的玉米期货价格为 400 美分/蒲式耳时,由于执行价格高于标的物市场价格,该期权为实值期权,而 12 月到期,执行价格为 450 美分/蒲式耳的玉米期货看涨期权为虚值期权。

对于实值期权,在不考虑交易费用和期权费的情况下,买方的行权收益大于 0,所以实值期权的内涵价值大于 0;对于虚值期权和平值期权,由于买方立即执行期权不能获得行权收益,或行权收益小于等于 0,虚值和平值期权不具有内涵价值,其内涵价值等于 0。

例如,执行价格为 450 美分/蒲式耳的玉米期货看涨和看跌期权,当标的玉米期货价格为 400 美分/蒲式耳时,看涨期权利和看跌期权的内涵价值各为多少?

解析:

(1)看涨期权的内涵价值,因为执行价格高于标的物市场价格,所以看涨期权为虚值期权,内涵价值＝0。

(2)看跌期权的内涵价值＝450－400＝50 美分/蒲式耳。

(二)时间价值

1.时间价值的含义

期权的时间价值,又称外涵价值,是指在权利金中扣除内涵价值的剩余部分,它

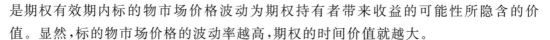

是期权有效期内标的物市场价格波动为期权持有者带来收益的可能性所隐含的价值。显然,标的物市场价格的波动率越高,期权的时间价值就越大。

2. 时间价值的计算。

时间价值=权利金－内涵价值。

例如,2012 年 10 月 18 日,CME 交易的 DEC 12 执行价格为 85 美元/桶的原油期货[Light-Sweet Crude Oil(WTDFutures)]期权,看涨期权和看跌期权的权利金分别为 8.33 美元/桶和 0.74 美元/桶,当日该期权标的期货合约的市场价格为 92.59 美元/桶,计算以上看涨期权和看跌期权的内涵价值和时间价值。

解析:

(1)看涨期权,内涵价值=标的物市场价格－执行价格=92.59－85=7.59 美元/桶,时间价值=权利金－内涵价值=8.33－7.59=0.74 美元/桶。

(2)看跌期权,由于执行价格低于标的物的市场价格,为虚值期权,内涵价值=0,时间价值=权利金=0.74 美元/桶。

例如,CME 交易的玉米期货看跌期权,执行价格为 450 美分/蒲式耳、权利金为 22′3 美分/蒲式耳(玉米期货期权的最小变动价位为 1/8 美分/蒲式耳,22′3=22+3× 0.125=22.375),执行价格的玉米期货看涨期权的权利金为 42′7 美分/蒲式耳(42+ 7×0.125=42.875),当标的玉米期货合约的价格为 478′2 美分/蒲式耳(478+2× 0.25=478.5)时(玉米期货的最小变动价位为 0.25 美分/蒲式耳),以上看涨期权和看跌期权的时间价值分别为多少?

解析:

(1)看跌期权,由于执行价格低于标的物市场价格,为虚值期权,内涵价值=0,时间价值=权利金=22.375 美分/蒲式耳。

(2)看涨期权,内涵价值=478.5－450=28.5 美分/蒲式耳,时间价值=42.875－ 28.5=14.375 美分/蒲式耳。

3. 不同期权的时间价值

(1)平值期权和虚值期权的时间价值总是大于等于 0,因为平值期权和虚值期权的内涵价值等于 0,而期权的价值不能为负。

(2)美式期权的时间价值总是大于等于 0。对于实值美式期权,由于美式期权在有效期的正常交易时间内可以随时行权,如果期权的权利金低于其内涵价值,在不考虑交易费用的情况下,买方立即行权便可获利。因此,在不考虑交易费用的情况下,权利金与内涵价值的差总是大于 0,或者说,处于实值状态的美式期权的时间价值总是大于等于 0。

因为平值期权和虚值期权的时间价值也大于 0,所以美式期权的时间价值均大于等于 0。

由于存在佣金、行权费等交易成本,期权实际交易中,也存在实值美式期权时间价值小于 0,即美式期权时间价值小于 0 的情形。

(3)实值欧式期权的时间价值可能小于 0。欧式期权只能在期权到期时行权,所以在有效期的正常交易时间内,当期权的权利金低于内涵价值时,即处于实值状态的欧式期权具有负的时间价值时,买方并不能够立即行权。因此,处于实值状态的欧式期权的时间价值可能小于 0,特别是处于深度实值状态的欧式看涨期权和看跌期权,由于标的物的市场价格与执行价格的差距过大,标的物市场价格的进一步上涨或下跌的难度较大,时间价值小于 0 的可能性更大。表 9-4 的数据证明了以上结论。

表 9-4 期权价格时间价值和内涵价值的取值范围验证示例

执行价格	期权类型	美式期权			欧式期权		
		期权价格	内涵价值	时间价值	期权价格	内涵价值	时间价值
1290	Call	31.09	0.3109	0	0.3104	0.3109	−0.0005
1300	Call	30.09	0.3009	0	0.3005	0.3009	−0.0004
1360	Call	24.09	0.2409	0	0.2405	0.2409	−0.0004
1371	Call	23.09	0.2309	0	0.2306	0.2309	−0.0003
1430	Call	17.09	0.1709	0	0.1706	0.1709	−0.0003
1440	Call	16.09	0.1609	0	0.1607	0.1609	−0.0002
1470	Call	13.09	0.1309	0	0.1307	0.1309	−0.0002
1480	Call	12.09	0.1209	0	0.1208	0.1209	−0.0001
1490	Call	11.1	0.1109	0.01	0.1109	0.1109	0
1500	Call	10.1	0.1009	0.01	0.101	0.1009	0.0001

通过表 9-4 可见,美式看涨和看跌期权的时间价值均大于或等于 0;处于深度实值状态的美式看涨和看跌期权的时间价值为 0,而深度实值的欧式看涨和看跌期权的时间价值均出现了小于 0 的情形。

因为美式期权的行权机会大于欧式期权,所以美式期权的时间价值和权利金高于或等于欧式期权。

三、影响期权价格的基本因素

影响期权价格的基本因素包括标的物市场价格、执行价格、标的物市场价格波动率、距到期的剩余时间、无风险利率等。

(一)标的物市场价格和执行价格

期权的执行价格与标的物的市场价格是影响期权价格的重要因素。两种价格的相对差额不仅决定着内涵价值,而且影响着时间价值。

执行价格与市场价格的相对差额决定了内涵价值的有无及大小。就看涨期权而言,市场价格较执行价格高时,期权具有内涵价值,高出越多,内涵价值越大;当市场价格等于或低于执行价格时,内涵价值为 0。就看跌期权而言,市场价格较执行价格低时,期权具有内涵价值,低得越多,内涵价值越大;当市场价格等于或高于执行价格时,内涵价值为 0。

在标的物市场价格一定且高于执行价格时,执行价格的高低决定着期权内涵价值的高低。对看涨期权来说,若执行价格提高,则期权的内涵价值减少;若执行价格降低,则内涵价值增加。对看跌期权来说,若执行价格提高,则期权的内涵价值增加;若执行价格降低,则期权的内涵价值减少。也就是说,当期权处于实值状态,执行价格与看涨期权的内涵价值是负相关关系,与看跌期权的内涵价值是正相关关系。同样,在执行价格一定且低于标的物市场价格时,标的物市场价格的上涨或下跌决定着期权内涵价值的大小,对于实值期权,标的物市场价格与看涨期权的内涵价值呈正相关关系,与看跌期权的内涵价值呈负相关关系。

因为虚值期权和平值期权的内涵价值总是为 0,所以当期权处于虚值或平值状态时,标的物市场价格的上涨或下跌及执行价格的高低不会使内涵价值发生变化。

执行价格与标的物市场价格的相对差额也决定着时间价值的有无和大小。一般来说,执行价格与标的物市场价格的相对差额越大,则时间价值就越小;反之,相对差额越小,则时间价值越大。

当期权处于深度实值或深度虚值状态时,其时间价值将趋于 0,特别是处于深度实值状态的欧式看涨期权和看跌期权,时间价值还可能小于 0;当期权正好处于平值状态时,其时间价值达到最大。因为时间价值是人们因预期市场价格的变动能使虚值期权变为实值期权,或使有内涵价值的期权变为内涵价值更大的期权而付出的代价,所以当期权处于深度实值状态时,市场价格变动使它继续增加内涵价值的可能性已极小,使它减少内涵价值的可能性则极大,因而人们都不愿意为买入该期权并持有它而支付时间价值,或付出比当时的内涵价值更高的权利金;当期权处于深度虚值状态时,人们会认为变为实值期权的可能性十分渺茫,因而也不愿意为买入这种期权而支付时间价值或支付权利金。

在执行价格与市场价格相等或相近时,即在期权处于或接近于平值期权时,市场价格的变动才最有可能使期权增加内涵价值,人们也才最愿意为买入这种期权而付出代价,所以此时的时间价值应为最大,任何执行价格与标的物的市场价格的偏离都将减少这一价值。

无论是美式还是欧式期权,当标的物市场价格与执行价格相等或接近,即期权处于或接近平值状态时,时间价值最大;当期权处于深度实值和深度虚值状态时,时间价值最小。表 9-3 的结果也支持该结论。

(二)标的物价格波动率

标的物市场价格波动率是指标的物市场价格的波动程度,它是期权定价模型中的重要变量。

在其他因素不变的条件下,预期标的物价格波动率越高,标的物上涨很高或下跌很深的机会会随之增加,标的物市场价格涨至损益平衡点之上或跌至损益平衡点之下的可能性也就越大,买方获取较高收益的可能性也会增加,损失却不会随之增加,但期权卖方的市场风险会随之大幅增加。所以,标的物市场价格的波动率越高,期权的价格也应该越高。

期权定价中标的资产的波动率可用历史数据估计,也可通过期权价格推算出,前者被称为历史波动率,后者被称为隐含波动率。如果历史波动率大于隐含波动率,即标的资产实际波动率大于通过期权价格计算的波动率,意味着标的资产未来有加大波动的可能;反之,如果历史波动率小于隐含波动率,即标的资产实际波动率小于通过期权价格计算出的波动率,则意味着标的资产波动率有减小的可能。

(三)期权合约的有效期

期权合约的有效期是指距期权合约到期日剩余的时间。在其他因素不变的情况下,期权有效期变长,美式看涨期权和看跌期权的价值都会增加。这是因为对于美式期权来说,有效期长的期权不仅包含了有效期短的期权的所有执行机会,而且有效期越长,标的物市场价格向买方所期望的方向变动的可能性就越大,买方行使期权的机会也越多,获利的机会也就越多。所以,在其他条件相同的情况下,距最后交易日长的美式期权价值不应该低于距最后交易日短的期权的价值。

随着有效期的增加,欧式期权的价值并不必然增加。这是因为对于欧式期权来说,有效期长的期权并不包含有效期短的期权的所有执行机会。即使在有效期内标的物市场价格向买方所期望的方向变动,但由于不能行权,在到期时也存在再向不利方向变化的可能,所以随着期权有效期的增加,欧式期权的时间价值和权利金并不必然增加,即剩余期限长的欧式期权的时间价值和权利金可能低于剩余期限短的欧式期权的时间价值和权利金。

因为美式期权的行权机会多于相同标的和剩余期限的欧式期权,所以,在其他条件相同的情况下,剩余期限相同的美式期权的价值不应该低于欧式期权的价值。

表 9-5　各类期权的内涵价值、时间价值和权利金

期权类型				内涵价值		时间价值		权利金
美式	看涨	实值	深度	>0	深度>一般	≥0	深度<一般	剩余期限的影响:剩余期限长的的>剩余期限短的;达到平值时,两者的差为最大;随着实值或虚值程度的加深,两者的差越来越小。深度实值和深度虚值:剩余期限长的=剩余期限短的。深度虚值<一般虚值<平值<一般实值<深度实值。
			一般			>0		
		虚值	深度	=0		>0		
			一般			>0		
	平值			=0		最大		
	看跌	实值	深度	>0	深度>一般	≥0	深度<一般	
			一般			>0		
		虚值	深度	=0		>0		
			一般			>0		
	平值			=0		最大		
欧式	看涨	实值	深度	>0	深度>一般	≥0 或 <0	深度<一般	剩余期限的影响:剩余期限长的>剩余期限短的;达到平值时,两者的差为最大;随着实值或虚值程度的加深,两者的差越来越小。深度实值和深度虚值:剩余期限长的=剩余期限短的。深度虚值<一般虚值<平值<一般实值<深度实值。
			一般			>0		
		虚值	深度	=0		>0		
			一般					
	平值			=0		最大		
	看跌	实值	深度	>0	深度>一般	≥0 或 <0	深度<一般	
			一般			>0		
		虚值	深度	=0		>0		
			一般					
	平值			=0		最大		

（四）无风险利率

无风险利率水平会影响期权的时间价值,也可能会影响期权的内涵价值。当利率提高时,期权买方收到的未来现金流的现值将减少,从而使期权的时间价值降低;反之,当利率下降时,期权的时间价值会增加。但是,利率水平对期权时间价值的整体影响是十分有限的。

此外,利率的提高或降低会影响标的物的市场价格。如在经济过热时期,政府提高利率以抑制经济的过热增长,将导致股票价格下跌,股票看涨期权的内涵价值降低,股票看跌期权的内涵价值提高,此种情况下,看涨期权的价值必然降低,而看跌期权的价值有可能会提高。但是,如果在经济正常增长时期,当利率增加时,股票的预期增长率也倾向于增加,此种情况下得出的结论与前述结论可能相反。

综上所述,无风险利率对期权价格的影响,要考虑当时的经济环境及利率变化对标的物的市场价格影响的方向,考虑对期权内涵价值的影响方向及程度,然后综合对时间价值的影响,得出最终的结果。

第三节　期权交易策略

一、期权交易的简单策略及应用

期权交易的简单策略有买进看涨期权、买进看跌期权、卖出看涨期权、卖出看跌期权四种。通常情况下,当标的物市场价格趋势比较明朗,或标的物市场价格有可能大幅波动时,会考虑买进期权策略,而当交易者认为标的物市场价格出现盘整行情时,可考虑卖出期权策略。

知识点讲解

期权策略案例讲解

(一)买进看涨期权

1.买进看涨期权损益

看涨期权的买方在支付一笔权利金后,便可享有按约定的执行价格买入相关标的物的权利,但不负有必须买进的义务,从而锁定了标的物价格下跌可能存在的潜在损失。一旦标的物价格上涨,便可执行期权,以低于标的物的价格(执行价格)获得标的物;买方也可在期权价格上涨或下跌时卖出期权平仓,获得价差收益或避免遭受损失全部权利金的风险。

买进看涨期权的最大损益结果或到期时的损益状况如图 9-1 所示。

C 为看涨期权的市场价格,X 为期权的执行价格,S 为标的物的市场价格。

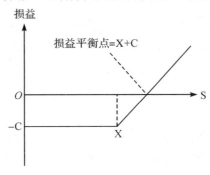

图 9-1　买进看涨期权损益状况

标的物市场价格越高,对看涨期权的买方越有利,如果预期标的物的市场价格上涨,可通过买进看涨期权获利。

标的物市场价格变化对看涨期权买方损益的影响如表 9-6 所示。买进看涨期权的收益损耗分析如表 9-7 所示。

表 9-6   标的物市场价格变化对看涨期权买方损益的影响

标的物市场价格范围	标的物市场价格的变动方向及买方损益	期权头寸处置办法
0≤S≤X	处于亏损状态。无论 S 上涨或下跌,最大损失不变,等于权利金	不执行期权。可卖出期权对冲平仓;或持有到期,期权作废
X<S<X+C	处于亏损状态。亏损会随着 S 上涨而减少,随着 S 下跌而增加	可以执行期权;也可卖出期权对冲平仓;或持有到期期权被自动执行
S=X+C（损益平衡点）	损益=0	可以执行期权;也可卖出期权对冲平仓;或持有到期期权被自动执行
S>X+C	处于盈利状态。损益为 S−(X+C),盈利随着 S 下跌而减少,随着 S 上涨而增加	可以执行期权;也可卖出期权对冲平仓;或持有到期期权被自动执行 行权收益=标的物市场价格−执行价格−权利金 平仓收益=权利金卖出价−权利金买入价

表 9-7   买进看涨期权综合分析

项目	内容
运用场合	(1)预期后市上涨; (2)市场波动率正在扩大; (3)愿意利用买进期权的优势,即有限风险的杠杆作用; (4)牛市,隐含价格波动率低(Low Implied Volatility)(隐含波动率低是指期权价格反应的波动率小于理论计算的波动率)
收益	平仓收益=权利金卖出价−权利金买入价 行权收益=标的物价格−执行价格−权利金 当标的物价格持续上涨时,买方收益不断增加,理论上,收益可能达到无限大
最大风险	损失全部权利金
损益平衡点	执行价格+权利金
时间价值的损耗	随着合约到期日的临近,时间价值会一直下跌。波动率加大,时间价值下跌较慢。波动率减小,时间价值的损耗加速。
保证金	不交
履约部位	多头

注:"损益平衡"主要是从行权的角度考虑。只要标的物价格高于损益平衡点,买方行权即可获利。因此,交易时对权利金的出价要从长远考虑。

2.买进看涨期权的运用

(1)获取价差收益。当交易者通过对相关标的物的价格变动进行分析,认为标的物价格上涨的可能性很大,希望通过买入看涨期权获得权利金价差收益时,一旦标的物价格上涨,则权利金也会上涨,他可以在市场上以更高的价格卖出期权获利。即使标的物市场价格下跌,买方的最大损失也只是支付的权利金。

(2)追逐更大的杠杆效应。与期货交易相比,期权买方可以为投资者提供更大的杠杆收益,与持有股票等金融现货资产相比,通过购买期权获得的标的资产的杠杆收益将会更高。特别是剩余期限较短的虚值期权,权利金往往很低,则较少的权利金就可以控制同样数量的标的合约或金融现货资产,而且如果标的资产市场价格下跌也不会被要求追加资金或遭受强行平仓,一旦价格反转则会享受标的物价格上涨带来的盈利。

例如,2012 年 10 月 29 日,CME 交易的 DEC 12 GBP/USD(英镑对美元)期货合约的市场价格为 1.6095 美元,该标的执行价格从 1.29 美元至 1.87 美元的美式看涨期权和看跌期权共有 58 个,执行价格为 1.29 美元的实值看涨期权和执行价格为 1.87 美元的实值看跌期权的权利金最高,分别为 0.3195 美元、0.2605 美元,分别为标的期货合约市场价格的 19.85% 和 16.19%。以上期权虚值程度较高,所以时间价值为 0,权利金等于内涵价值。

执行价格为 1.61 美元,接近标的期货合约,即接近平值期权,其权利金为 0.0077 美元,时间价值最高。市场价格执行价格为 1.65 美元、1.66 美元、1.67 美元的虚值看涨期权,权利金仅为 0.0001 美元、0.0002 美元、0.0003 美元。执行价格为 1.55 美元、1.56 美元、1.57 美元的虚值看涨期权,权利金为 0.0001 美元、0.0002 美元、0.0004 美元。期权权利金与标的资产市场价格的关系如表 9-8 所示。

表 9-8　期权权利金与标的资产市场价格的关系涵　　　　　　(单位:美元)

执行价格	期权类型	权利金	内涵价值	时间价值	权利金/标的物价格
1.29	Call	0.3195	0.3195	0	19.85%
1.55	Call	0.0596	0.0595	0.0001	3.70%
1.56	Call	0.0497	0.0495	0.0002	3.09%
1.57	Call	0.0399	0.0395	0.0004	2.48%
1.58	Call	0.0304	0.0295	0.0009	1.89%
1.59	Call	0.0216	0.0195	0.0021	1.34%
1.60	Call	0.0138	0.0095	0.0043	0.86%
1.61	Call	0.0077	0	0.0077	0.48%
1.62	Call	0.0038	0	0.0038	0.24%
1.63	Call	0.0016	0	0.0016	0.10%
1.64	Call	0.0007	0	0.0007	0.04%
1.65	Call	0.0003	0	0.0003	0.02%
1.66	Call	0.0002	0	0.0002	0.01%
1.67	Call	0.0001	0	0.0001	0.01%
1.55	Put	0.0001	0	0.0001	0.01%

执行价格	期权类型	权利金	内涵价值	时间价值	权利金/标的物价格
1.56	Put	0.0002	0	0.0002	0.01%
1.57	Put	0.0004	0	0.0004	0.02%
1.58	Put	0.0009	0	0.0009	0.06%
1.59	Put	0.0021	0	0.0021	0.13%
1.60	Put	0.0043	0	0.0043	0.27%
1.61	Put	0.0082	0.0005	0.0077	0.51%
1.62	Put	0.0143	0.0105	0.0038	0.89%
1.63	Put	0.0221	0.0205	0.0016	1.37%
1.64	Put	0.0312	0.0305	0.0007	1.94%
1.65	Put	0.0408	0.0405	0.0003	2.53%
1.66	Put	0.0507	0.0505	0.0002	3.15%
1.87	Put	0.2605	0.2605	0	16.19%

据表 9-8,期权权利金最高不足标的期货合约的 20%,市场上有交易的虚值看涨和看跌期权,权利金仅为标的资产的万分之几,接近平值的期权权利金为 0.0077 美元,不足标的资产的 0.5%。下面对期权和期货持仓资金占用及损益情况进行比较。

第一,如果投资者通过购买 10 张接近平值的看涨期货期权持有 625000 英镑,即购买 10 张执行价格为 1.6100 美元的 DEC 12 美式看涨期货期权,便拥有了在合约到期前(含到期日)的任何交易日,以 1.6100 美元/英镑的价格购买 10 张 DEC 12 GBP/USD 期货合约的权利,每张期货合约的合约规模为 62500 英镑,需要初始资金 10×62500×0.0077=4812.5 美元,资金占用不超过标的资产价值的 0.5%,且在标的资产价格下跌时,也不会被要求追加资金。

如果标的期货合约的价格上涨至 1.6100 美元之上,投资者行权买入期货合约,并将期货合约按市场价格卖出,同时在现货市场上按市价买入英镑,期货合约的平仓收益可以弥补现货市场价格上涨的损失,4812.5 美元的权利金投入为多增加的成本。

权利金投入也是投资者的最大损失额。如,2012 年 11 月 23 日,DEC 12 GBP/USD 期货合约下跌至 1.6044 美元,跌幅为 0.32699%,执行价格为 1.6100 美元的看涨期权价格下跌至 0.0042 美元,如果交易者继续持有合约,则不需要追加任何资金,如果交易者将期权卖出平仓,损失为(0.0077-0.13042)×10×62500=2187.5 美元。同时他可以以更低的价格从市场上购买英镑。

第二,如果投资者通过购买 10 张期货合约持有 625000 英镑,假设在该时点 CME 对该期货合约收取的交易保证金是 10%,则初始资金占用为 10×62500×1.6095×10%=100593.8 美元,远高于期权投资的资金占用。如果标的期货合约价格下跌,还需要追加保证金,且价格下跌多少,交易者便亏损多少。

当标的期货合约价格下跌至 1.0644 美元时,如果保证金比例仍为 10%,交易者需要追加保证金$(1.6044-1.6095)\times10\times62500\times10\%+(1.6095-1.6044)\times10\times62500=2868.75$ 美元。如果平仓了结的话,交易者亏损$(1.6095-1.6044)\times10\times62500=3187.5$ 美元。

通过以上分析可知,通过购买期权获得标的资产,最大损失为权利金,标的资产市场价格的不利变动给期权买方,特别是购买虚值或平值期权的买方带来的损失将远远低于持有期货合约的损失,而且也不会出现价格向不利方向变化时被要求追加保证金的问题。所以投资者如果不想投入更多资金持有标的资产,可选择买进看涨期权策略来博取更高的杠杆效应,同时也规避了标的物价格下跌带来的风险,但要承担损失权利金的风险或增加权利金投入的持仓成本。

(3)限制交易风险或保护标的物空头。持有标的物多头的交易者,当标的物价格上涨到一定程度后,会担心标的物市场价格下跌而考虑卖出持仓获利,但如果将标的物卖出后,标的物价格继续上升而不是下跌,交易者会承受较大的价格上涨风险。如果交易者在卖出标的物的同时买进看涨期权,则可控制标的物价格上涨风险。

买进期权后,如果标的物价格继续上涨,则看涨期权的权利金价格应随之上涨,将期权平仓,或行使期权,以较低的执行价格买进标的物,再以较高的市场价格将其卖出,从而可以弥补投资者卖出标的物的损失;一旦标的物价格下跌,则看涨期权的最大损失是权利金,使出售的标的物价格相对降低。

另外,对于已生产出产品的厂商来说,他设想将产品储存到价格可能上升时再出售以获取更大的利润,同时又担心万一到时价格不升反跌,这时就可以考虑在卖出实物产品的同时买入与实物产品相关的看涨期货期权,既可立即获得货款,加快资金周转,又避免了因储存产品而产生的市场风险。如果卖出实物产品后其价格上涨,看涨期权的市场价格也会随之上涨,他可以将期权平仓,也可以行使期权,以较低的执行价格买进标的期货合约再将其以较高的市场价格卖出,可实现提高实物产品售价的目的;如果实物产品和标的期货价格下跌,可放弃行权,最大损失为权利金,意味着卖出的实物产品的售价相对降低。

(4)锁定现货成本,规避市场风险。未来需购入现货的企业利用买进看涨期权进行保值、锁定成本。买方买入看涨期权后便取得了以既定的执行价格买进相关商品期货合约的权利,这样可以为将来买入的实物商品限定一个最高买入价格,以防止价格上升而造成损失,达到商品保值的目的。当现货市场价格下跌时,期权购买者可以放弃行权,以较低价格买入商品,但要损失权利金。

(二)卖出看涨期权

1.卖出看涨期权损益

看涨期权卖方损益与买方正好相反,买方的盈利即为卖方的亏损,买方的亏损即为卖方的盈利,看涨期权卖方能够获得的最高收益为卖出期权收取的权利金。

看涨期权的卖方在获得一笔权利金后,便拥有了按约定的执行价格卖出相关标的资产的义务。一旦标的资产价格上涨,买方执行期权,卖方被指定履约时,必须以较低的市场价格(执行价格)向买方出售标的资产;如果标的资产价格下跌,买方放弃行权,卖方最大的收益为权利金;卖方也可在期权价格上涨或下跌时买进期权平仓,避免受到权利金价差收益减少或价格向不利方向变动时的更大损失。卖出看涨期权时的损益状况如图9-2所示。

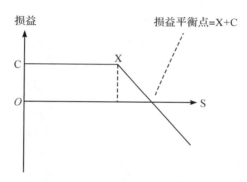

图 9-2 卖出看涨期权的损益状况

标的物市场价格处于横盘整理或下跌时,对看涨期权的卖方有利,如果预期标的物市场价格窄幅整理或下跌,可通过卖出看涨期权获利。

标的物市场价格变化对看涨期权卖方损益的影响如表9-9所示。对卖出看涨期权事件的综合分析如表9-10所示。

表 9-9　标的物市场价格变化对看涨期权卖方损益的影响

标的物市场价格范围	标的物市场价格的变动方向及卖方损益	期权头寸处置办法
$0 \leqslant S \leqslant X$	处于盈利状态。无论 S 上涨或下跌,最大盈利不变,等于权利金	买方不会执行期权。卖方可买入期权对冲平仓;或持有到期,赚取权利金(期权不会被执行)
$X < S < X+C$	处于盈利状态。盈利会随着 S 上涨而减少,随着 S 下跌而增加	可买入期权对冲平仓;或接受买方行权;或持有到期期权被自动执行,履行期权合约
$S = X+C$ (损益平衡点)	损益＝0	可以买入期权对冲平仓;或接受买方行权,履行期权合约;或持有到期期权被自动执行,履行期权合约
$S > X+C$	处于亏损状态。损益为$-S+(X+C)$亏损会随着 S 下跌而减少,随着 S 上涨而增加	可以买入期权对冲平仓;或接受买方行权,履行期权合约;或持有到期期权被自动执行,履行期权合约。平仓损失＝权利金卖出价－权利金买入价(买入价＞卖出价)被要求行权损失＝执行价格－标的物市场价格＋权利金

表 9-10　卖出看涨期权综合分析

项目	内容
运用场合	(1)熊市或横盘,市场波动率收窄; (2)熊市或横盘,隐含价格波动率高; (3)预计后市下跌或见顶; (4)已经持有现货或期货合约的多头,作为对冲策略
收益	所收取的全部权利金
最大风险	卖出看涨期权是看空后市,若市价不跌反升,将导致损失 损失＝权利金卖出价－权利金斩仓买入价(买入价＞卖出价) 期权被要求行权的损失＝执行价格－标的物平仓买入价格＋权利金 当标的物价格持续上涨时,卖方损失不断扩大,理论上,损失可能达到无限大
损益平衡点	执行价格＋权利金
时间价值的损耗	时间越接近到期日,价格又在执行价格左右,卖方的收益最大
保证金	交
履约部位	空头

随着合约到期日的临近,时间价值会一直下跌。如果波动率加大,时间价值下跌较慢。波动率减小,时间价值的损耗加速。

2.卖出看涨期权的运用

(1)获取价差收益或权利金收入。看涨期权的卖方通过对期权合约标的物价格变动的分析,认为标的物价格会下跌,或即使上涨,涨幅也很小,可卖出看涨期权,收取一定数额的权利金。待标的物价格下跌时,看涨期权的市场价格也随之下跌,看涨期权卖方可以以低于卖出价的价格将期权买入平仓,获得价差收益;如果坚信价格不会上升,卖方可以一直持有期权至到期,期权不被执行,卖方可获得全部权利金收入。

从国外市场的交易情况看,卖出看涨期权的收益率并不低,因为多数期权买方行权的机会很小,所以卖方的收益往往高于买方。

卖出看涨期权者通过对期权及标的物趋势的分析选择不同的有效期、执行价格,以及适当的入市时机,有可能获得丰厚的利润。但对于资金有限的投资者,由于卖出者要交纳保证金,还可能被要求追加保证金,则应避免卖出无保护性看涨期权。

(2)增加标的物多头的利润。如果交易者对标的物后市谨慎看多,则在买入标的物的同时可卖出该标的物的看涨期权。如果已经持有标的物,当价格上涨到一定水平后,担心价格下跌,则可采取卖出看涨期权的策略。

例:美国某交易者看涨英镑后市,于 2012 年 8 月 10 日在 CME 以 1.5667 美元的价格(S_1)买进 1 手 DEC 12 GBP/USD 期货合约(62500 英镑),合约总价值 97918.75 美元。10 月 29 日,GBD/USD 期货合约的价格涨至 1.6095 美元(S_2),该交易者认为英镑上涨势头减弱,如果他以此价格将期货合约对冲平仓,可获得 2675 美元的收益,但其希望通过构建期权头寸以更高的价格出售英镑。10 月 29 日,该交易者在 CME

以 0.0038 美元的价格卖出执行价格为 1.6200 美元的 DEC 12 GBP/USD 美式看涨期货期权(交易者谨慎看多,卖出的看涨期权的执行价格略高于标的期货合约的市场价格)。

在期权有效期内,如果 GBP/USD 期货合约的价格上涨至 S,但 S<1.6200 美元,则买方不会行权,卖出期权头寸的权利金收入等于增加了所持标的期货合约的售价,标的期货合约售价最大可增至 S+0.00380 美元。

如果标的期货合约的市场价格上涨至 1.6200 美元及以上,组合策略的最大净损益为 $X-S_1+C=1.6200-1.5667+0.0038=0.0571$ 美元,最多可获得 $0.0571×62500=3568.75$ 美元的收益,且不再随标的期货合约价格的上涨而提高。组合策略损益状态见图 9-3。

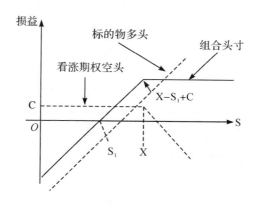

图 9-3 卖出看涨期权与标的物多头的组合

2012 年 11 月 20 日,由于 GBP/USD 现货价格下跌,该标的期货合约的市场价格下跌至 1.5890 美元,执行价格为 1.6200 美元的期权合约的市场价格下跌至 0.0007 美元,该交易者认为后市不乐观,决定了结组合头寸。该交易者以 1.5890 美元的价格卖出期货合约,期货头寸损益=$(1.5890-1.5667)×62500=1453.96$ 美元,低于以 1.6095 美元平仓时所获的收益;同时,该交易者以 0.0007 美元的价格买进期权合约对冲其期权头寸,期权损益=$(0.0038-0.0007)×62500=193.75$ 美元,部分弥补了期货市场价格判断失误造成的损失,组合策略的净损益=$1453.96+193.75=1647.71$ 美元。

构建该组合策略主要考虑的因素:

第一,看涨期权的执行价格。所卖出期权的执行价格越高,买方行权的可能性越小,对构建该组合策略者越有利,但执行价格越高,看涨期权的权利金越低,卖出期权对增加标的物持仓利润的影响越小。

第二,标的物价格的变化趋势。如果预期标的资产的市场价格能够上涨至期权的执行价格与权利金之和以上,则单独持有标的资产更为有利,即预期标的物市场价格将大幅上涨时不宜采用此策略;如果预期标的物市场价格下跌,则不会购买或继续持有标的物。所以,此策略适用于对标的物市场谨慎看多的市场环境。

(三)买进看跌期权

1.买进看跌期权损益

看跌期权的买方在支付一笔权利金后,便可享有按约定的执行价格卖出相关标的物的权利,但不负有必须卖出的义务,从而锁定了标的物价格下跌可能存在的潜在损失。一旦标的物价格下跌,便可执行期权,以较高的市场价格(执行价格)出售标的物;或者在期权价格上涨时卖出期权平仓。买进看跌期权最大损益结果或到期时的损益状况见图 9-4。

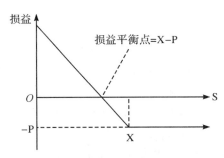

图 9-4　买进看跌期权损益状态

注:图中 P 为看跌期权的权利金,其他字母表示的含义与图 9-1、图 9-2 相同。

标的物资产价格变化对看跌期权买方损益的影响如表 9-11 所示。对买进看跌期权事件的综合分析如表 9-12 所示。

表 9-11　标的物资产价格变化对看跌期权买方损益的影响

标的物市场价格范围	标的物市场价格的变动方向及买方损益	期权头寸处置办法
$S \geq X$	处于亏损状态。无论 S 上涨或下跌,最大损失不变,等于权利金	不执行期权。可卖出期权对冲平仓;或持有到期,期权作废
$X-P<S<X$	处于亏损状态。亏损会随着 S 下跌而减少,随着 S 上涨而增加	可以执行期权;也可卖出期权对冲平仓;或持有到期期权被自动执行
$S=X-P$ (损益平衡点)	损益=0	可以执行期权;也可卖出期权对冲平仓;或持有到期期权被自动执行
$S<X-P$	处于盈利状态。盈利随着 S 上涨而减少,随着 S 下跌而增加,但盈利不会无限大,最大盈利=X－P,此时,S 应跌至 0	可以执行期权;也可卖出期权对冲平仓;或持有到期期权被自动执行

表 9-12　买进看跌期权综合分析

项目	内容
运用场合	(1)预期后市下跌; (2)市场波动率正在扩大; (3)熊市,隐含价格波动率低
收益	平仓收益=权利金卖出价－权利金买入价 行权收益=标的物价格－执行价格－权利金 当标的物价格持续上涨时,买方收益不断增加,最大收益=X－P

续　表

项目	内容
最大风险	损失全部权利金
损益平衡点	执行价格－权利金
时间价值的损耗	随着合约到期日的临近,时间价值会一直下跌。如果波动率加大,时间价值下跌较慢。波动率缩小,时间价值的损耗加速
保证金	不交
履约部位	空头

2.买进看跌期权的运用

(1)获取价差收益。看跌期权的买方通过对市场价格变动的分析,认为标的物价格有较大幅度下跌的可能,于是,他支付一定数额的权利金买进看跌期权。如果标的物价格下跌,则看跌期权的权利金会上涨,他可将期权卖出平仓获利。如果标的物价格不跌反涨,交易者将放弃行权,其最大损失为支付的权利金。如果交易者认为标的物市场价格无反转可能,可将看跌期权卖出平仓,以减少标的物持续上涨所造成的损失。

(2)博取更大的杠杆效应。与买进看涨期权相似,如果预期标的物价格有较大可能下跌,通过买进看跌期权持有标的物空头比直接卖出标的期货合约或融券卖出标的资产所需准备的初始资金少,而且如果标的资产市场价格上涨也不会被要求追加资金或遭受强行平仓,一旦价格反转则会享受标的物价格下跌带来的盈利。

(3)保护标的物多头。投资者已经买进了标的物,他既想持有标的物以享受价格上涨的好处,又担心价格下跌而遭受损失。在此情形下,投资者可买进看跌期权,或在买进标的物的同时买进看跌期权。如果标的物价格下跌,看跌期权的价差收益或行权收益会弥补持有标的物带来的损失,对买进的标的物是一种保护;如果价格上涨,投资者的标的物持仓会继续受益,而购买的看跌期权价格下跌或作废,其最大损失只是权利金,使投资者标的物持仓成本提高。

(4)锁定现货市场收益,规避市场风险。拥有现货者或已签订了购货合同的中间商,未来有现货出售,当其认为现货市场价格趋势不明朗,为规避价格下跌风险,可通过买入该资产的看跌期权进行保值、锁定售货价格,平稳企业利润。

若以后市场价格下跌至期权的执行价格以下,则投资者可执行期权,在市场上低价买进标的资产并按执行价格出售,所获得的收益可弥补其持有该标的资产造成的损失;如果标的资产市场价格上涨至执行价格以上,则投资者放弃执行期权,其最大的损失为权利金,而此时持有现货或出售现货所获得的超额收益可能远高于其损失的权利金。

(四)卖出看跌期权

1.卖出看跌期权损益

与看涨期权相似,看跌期权卖方损益与买方正好相反,买方的盈利即为卖方的亏损,买方的亏损即为卖方的盈利。看跌期权卖方能够获得的最高收益为卖出期权时收取的权利金。如果标的物价格高于执行价格,则买方不会行权,卖方可获得全部权利金收入,或者在期权价格上涨时卖出期权平仓,获得价差收益。但是,一旦标的物价格下跌至执行价格以下,买方执行期权,卖方只能履约,以高于标的物的价格(执行价格)从买方处购入标的物。随着标的物价格的下跌,卖方收益减少,直至出现亏损,下跌越多,亏损越大,但卖方亏损不会达到无限大。卖出看跌期权最大损益结果或到期时的损益状况见图9-5。

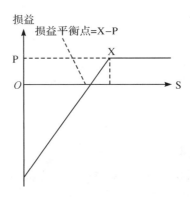

图 9-5　卖出看跌期权损益状况

标的物资产价格变化对看跌期权卖方损益的影响如表 9-13 所示。对卖出看跌期权事件的综合分析如表 9-14 所示。

表 9-13　标的物资产价格变化对看跌期权空头损益的影响

标的物市场价格范围	标的物市场价格的变动方向及买方损益	期权头寸处置办法
$S \geq X$	处于盈利状态。无论 S 上涨或下跌,最大损失不变,等于权利金	买方不会执行期权。卖方可买入期权对冲平仓;或持有到期,期权作废(期权不会被执行)
$X - P < S < X$	处于盈利状态。盈利会随着 S 下跌而减少,随着 S 上涨而增加	可买入期权对冲平仓;或接受买方行权,履行期权合约;或持有到期等待期权被自动执行,履行期权合约
$S = X - P$ (损益平衡点)	损益=0	可买入期权对冲平仓;或接受买方行权,履行期权合约;或持有到期等待期权被自动执行,履行期权合约
$S < X - P$	处于亏损状态。亏损随着 S 上涨而减少,随着 S 下跌而增加,但盈利不会无限大,最大亏损=$-X + P$,此时,S 应跌至 0	可买入期权对冲平仓;或接受买方行权,履行期权合约;或持有到期等待期权被自动执行,履行期权合约

表 9-14　卖出看跌期权综合分析表

项目	内容
运用场合	(1)预期后市上升或已见底； (2)牛市或横盘,市场波动率收窄； (3)牛市或横盘,隐含价格波动率高
收益	所收取的全部权利金
风险	卖出看跌期权是看好后市,若市价不升反跌,将导致损失 损失＝权利金卖出价－权利金买入价(买入价＞卖出价) 期权要求行权,损失＝标的物卖出平仓价－执行价格＋权利金 当标的物价格持续下跌时,卖方损失不断扩大,最大损失＝－X＋P
损益平衡点	执行价格－权利金
时间价值的损耗	时间越是接近到期日,价格越在执行价格左右,卖家的收益越大
保证金	交
履约部位	多头

2.卖出看跌期权的运用

(1)获得价差收益或权利金收益。看跌期权的卖方通过市场分析,认为相关标的物价格将会上涨,或者即使下跌,跌幅也很小,所以卖出看跌期权,并收取一定数额的权利金。待标的物价格上涨时,看跌期权的市场价格随之下跌,看跌期权卖方可以低于卖出价的价格将期权买入对冲平仓,获得价差收益。如果坚信价格不会下跌,卖方可以一直持有期权直到到期,期权不被执行,卖方可获得全部权利金收入。

卖出看跌期权选择不同的有效期、执行价格,选择适当的入市时机,则获利丰厚。从国外实际的交易情况看,卖出看跌期权的收益率并不低,甚至高于买方。资金有限的投资者应避免卖出无保护性看跌期权。

(2)对冲标的物空头。如果投资者对标的物市场价格谨慎看空,则可在卖出标的物的同时,或持有标的物空头时,卖出执行价格较低的看跌期权。如果标的物价格上涨,则所获得的权利金等于提高了标的物的卖价,可减少标的物空头的部分损失;如果标的物价格下跌,或期权买方行权,投资者履行期权合约,按执行价格买进标的物,并将其所持标的物空头平仓。此策略被视为一个标的物空头和一个看跌期权空头的组合,标的物空头对卖出看跌期权形成保护,被称为有担保的看跌期权策略。

例:2012 年 8 月 17 日,CME 交易的 DEC 12 月 EUR/USD(欧元对美元)期货合约价格为 1.4372 美元,某交易者分析该价格过高,以 1 欧元等于 1.4372 美元的价格(S_1)卖出 1 手(1 手为 125000 英镑)DEC 12 月 EUR/USD 期货合约,卖出收入 $125000×1.4372×1＝179650$ 美元。10 月 18 日,所卖出的期货合约的市场价格下跌至 1.3734 美元(S_2),交易者认为欧元下跌势头减弱,如果将其持有的期货合约空头平仓,可获收益$(1.4372－1.3734)×25000＝7975$ 美元。他希望通过构建期权头寸以便以更低的价格买入期货合约平仓其空头头寸。

当日交易者卖出了 1 张 DEC 12 执行价格为 1.3000 美元的 EUR/USD 美式看跌期货期权,期权权利金为 0.0132 美元(期权合约规模为 1 张标的期货合约,即 125000 欧元)。如果 EUR/USD 期货合约的市场价格下跌至 1.3000 美元以下,交易者被要求行权的话,他以 1.3000 美元的价格买入期货合约对冲其空头持仓;如果标的期货合约的价格下跌,但价格在 1.3000 美元以上,交易者自行买入期货合约平仓其空头头寸。以上策略使交易者在平仓的同时获得了权利金收入。如果期货合约价格上涨,交易者盈利减少甚至出现亏损,其所获权利金可弥补部分损失。该组合策略各损益状态见图 9-6。

在期权有效期内,如果 EUR/USD 期货合约的市场价格下跌至 S,但仍然在执行价格以上,即 S>X,则买方不会行权,交易者可获得权利金收入,卖出的期权头寸等于降低了所持标的期货合约空头的平仓价格,或增加了所出售的标的期货合约的卖价,扩大了盈利空间,标的期货合约卖价最高可提至 S_1+P。

如果标的期货合约的市场价格下跌至执行价格及以下,即 S<X,交易者被指定履约,可按执行价格 X 买入标的期货合约并将所持标的期货空头对冲平仓,同时获得权利金收入,交易者持仓净损益最大为 $(S_1-X)+P$,且不再随标的期货合约价格的下跌而提高。

当标的资产的市场价格下跌至 X-P 以下时,单独持有标的期货合约更为有利,如图 9-6 所示。

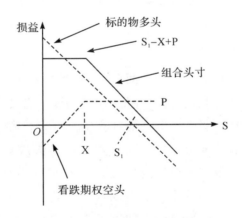

图 9-6　组合策略损益状态

2012 年 11 月 20 日,该标的期货合约的市场价幅下跌至 1.2768 美元,执行价格为 1.3000 美元的期权合约的市场价格上涨至 0.0206 美元,如果交易者被指定接受买方行权要求,以 1.3000 美元的价格买进期货合约,则其组合策略的净损益=[(1.4372-1.3000)+0.0132]×125000=18800 美元,高于以 1.3734 美元平仓时所获收益 7975 美元,但由于标的期货合约的跌幅较大,如果不卖出期权的话盈利会更高,为(1.4372-1.2768)×125000=20050 美元;交易者如果不被指定履约的话,也可考虑将期权买进平仓,平仓损益＝(0.0132－0.0206)×125000＝－925 美元,然后以1.2768 的价格对冲其期货合约空头头寸,总损益＝20050－925＝19125 美元。

构建该组合策略主要考虑的因素有以下两个。

第一,看跌期权的执行价格。所卖出期权的执行价格越低,买方行权的可能性越小,对构建该组合策略者越有利,但执行价格越低,看跌期权的权利金越低,卖出期权对增加标的物空头的持仓利润的影响越小。

第二,标的物价格的变化趋势。如果预期标的资产的市场价格下跌至期权的执行价格与权利金的差以下,单独持有标的资产更为有利,即预期标的物市场价格将大幅下跌时不宜采用此策略;如果预期标的物市场价格上涨,则不会卖出或继续持有标的物空头。所以,此策略适用于对标的物市场谨慎看空的市场环境。

(3)低价买进标的物。如果投资者想买进标的物但认为价格偏高,也可卖出执行价格较低的看跌期权。如果标的物价格上涨,投资者可赚取权利金收益;如果标的物价格下跌至执行价格以下,投资者被指定行权,按执行价格买进标的物,实现其买进标的物的目的。

二、期权套期保值策略

与期货套期保值目的和功能相似,构建期权套期保值策略的目的是利用期权交易对冲现货或期货合约风险。期权套期保值策略有多种方式,本部分仅介绍利用单一期权对冲现货风险的简单套期保值策略。

(一)买进看涨期权套期保值

生产企业或已签订了售货合同的中间商,未来需购买现货,但担心现货市场价格上涨,可通过购买该资产的期货合约对冲价格上涨风险,当其认为该资产价格趋势不明朗,为规避价格上涨风险,买入该资产的看涨期权更为有利。

买方买入看涨期权后便取得了以既定的执行价格买进标的资产的权利,这样可以为将来买入的标的资产限定一个最高买入价格,以防止价格上升而造成损失,达到商品保值的目的。若以后市场价格上涨至期权合约的执行价格以上,则该投资者可执行期权。此时现货市场价格也有一定幅度的上涨,执行期权并将期货合约出售所获得的收益可弥补其购买该标的资产多付出的资金成本;如果标的资产市场价格下跌至执行价格以下,则投资者放弃执行期权,其最大的损失为权利金,而此时购买现货所节省的成本可能远高于其损失的权利金。

与买进期货合约对冲现货价格上涨风险相比,利用买进看涨期权进行套期保值具有以下特征:

(1)买进看涨期权套期保值比买进期货合约套期保值具有更大的杠杆效应,即购买期权所支付的权利金较购买期货合约所需交纳的保证金更低。例如,在 2012 年 10

月 8 日,CME 交易的 DEC12 原油期货合约的结算价为 92.07 美元/桶,执行价格为 90 美元/桶的看涨期权的市场价格为 4.93 美元/桶,如果期货合约的保证金为 10%,购买 1 手原油期货(合约单位为 1000 桶)需要交付保证金 $1000 \times 92.07 \times 10\% = 9207$ 美元,而购买一张该标的期货合约的看涨期权,需要支付权利金 $1000 \times 4.93 = 4930$ 美元,杠杆效应放大了近一倍,有时甚至更高。

(2)当价格变化趋势对交易者不利时,买进期货合约的套期保值者需要追加保证金,而期权买方在持仓期间不用再支付任何费用。

(3)如果市场变化对该交易者不利,看涨期权买方最大的损失为权利金,而期货合约买方可能产生很大的风险。

(4)如果市场变化有利于该交易者,则购买期权比直接购买期货合约高出 1 份权利金的成本。

例:6 月份,美国某铜电缆厂计划在 9 月份购铜 500 吨,当时现货市场的价格为 7800 美元/吨。该厂商估计未来几个月铜价有可能上涨,工厂会因生产成本提高而遭受损失,于是决定利用衍生工具对冲价格上涨的风险。该厂商考虑通过期货套期保值,如果现货市场价格不涨反跌,期货市场将遭受较大损失,所以决定利用期权市场锁定其现货市场价格上涨的风险:

该厂在 CME 买入 44 手(每手 25000 磅,44 手约 498.95 吨)执行价格为 3.54 美元/磅的 9 月份铜期货美式看涨期权合约,成交价为 0.112 美元/磅。到 8 月份时,现货市场上的铜价上升到 7910 美元/吨,9 月份铜期货合约价格为 3.706 美元/磅。该厂商行使期权,以 3.54 美元/磅的执行价格买进 44 手 9 月份铜期货合约,并以 3.706 美元/磅的价格将期货合约卖出,每磅获得价差收益 $3.706 - 3.54 = 0.166$ 美元,扣除先前支付的权利金 0.112 美元/磅,实际获利 0.054 美元/磅,44 手合约共获利 $44 \times 25000 \times 0.054 = 59400$ 美元。而现货市场上,该厂商以 7910 美元/吨的价格买入 500 吨铜,与 6 月份的铜价相比,每吨多支付货款 $7910 - 7800 = 110$ 美元,500 吨合计多支付货款 55000 美元。期权交易的盈利完全对冲了现货市场价格上涨的风险。

8 月份,随着标的期货合约价格的上涨,铜看涨期权合约的权利金上涨到 0.166 美元/磅,该厂商也可采用对冲平仓的方法了结期权头寸。以此价格卖出 44 手 9 月份铜的看涨期权合约,期权价差收益 $= (0.166 - 0.112) \times 44 \times 25000 = 59400$ 美元,期权平仓盈利同样可以对冲现货市场价格上涨的风险。买进看涨期权套期保值的损益情况如表 9-15 所示。

表 9-15 买进看涨期权套期保值损益分析

	现货市场	期权市场
6 月份	铜价 7800 美元/吨	买入 44 手 9 月份看涨期权合约 执行价格 3.54 美元/磅 权利金 0.112 美元/磅

续　表

	现货市场	期权市场
8月份	以7910美元/吨的价格买入铜500吨	行使期权,以执行价格3.54美元/磅买进44手期货合约,并以市场价格3.706美元/磅卖出;或以0.166美元/磅卖出9月份看涨期权合约
结果	多付出购货成本 110×500＝55000美元	行权净损益: $(3.706-3.54-0.112) \times 44 \times 25000 = 59400$ 美元; 或期权平仓净损益: $(0.166-0.112) \times 44 \times 25000 = 59400$ 美元

如果到8月时,铜现货价格大幅度下跌,在收敛规律的作用下,9月份铜期货合约价格也会大幅下跌,如果9月份铜期货合约价格跌至3.492美元/磅或者更低,该厂商只要放弃看涨期权,让其到期自动作废,他的最大损失也只限于买进看涨期权时所支付的0.112美元/磅的权利金,44手合计损失 $44 \times 25000 \times 0.112 = 123200$ 美元,而且可在到期前将期权合约对冲平仓,权利金损失会低于123200美元,还可低价在市场上买进铜现货。

当现货市场下跌时,尽管利用看涨期权进行套期保值比期货多头套期保值的损失要小,但上例中损失的123200美元权利金也是一笔不小的支出,而且如果标的物市场价格上涨,采用期权套期保值比利用期货套期保值要多付出权利金的代价。

对于计划在未来购买现货的企业,在利用看涨期权套期保值时,可在买进看涨期权的同时卖出执行价格较低的看跌期权,执行价格的选择可考虑企业未来购买现货的成本。如果标的物市场价格上涨,交易者看涨期权盈利,同时还收获了看跌期权的权利金收入;如果标的期货合约市场价格下跌,交易者可接受买方行权,按执行价格买进期货合约,并进行交割,实现其购买标的现货的目的,其卖出看跌期权的权利金收入可使购买价格进一步降低。

(二)买进看跌期权套期保值

生产商或已签订了购货合同的中间商,未来需要出售资产,但认为资产价格趋势不明朗,为规避价格下跌风险,买入该资产或相关标的资产的看跌期权更为有利。

若以后市场价格下跌至期权执行价格以下,投资者可执行期权。在市场上低价买进标的资产并按执行价格将资产出售,所获收益可弥补其现货资产下跌所造成的损失;如果标的资产市场价格上涨至执行价格以上,则投资者放弃执行期权,其最大的损失为权利金,而此时持有现货或出售现货所获得的超额收益可能远高于其损失的权利金。

与卖出期货合约对冲现货价格下跌风险相比,利用买进看跌期权进行套期保值具有以下特征。

(1)和买进看涨期权相似,买进看跌期权所支付的权利金较卖出期货合约所需交纳的保证金更低,即买进看跌期权套期保值与卖出期货合约套期保值相比具有更大

的杠杆效应。例如,在 2012 年 10 月 8 日,某投资者以 2.86 美元/桶的价格买进 1 手
CME 交易的 DEC 12 执行价格为 9 美元/桶的原油期货看跌期权,需支付期权费
$1000 \times 2.86 = 2860$ 美元,而卖出 DEC 12 月期货合约需存入保证金 $1000 \times 92.07 \times 10\% = 9207$ 美元。由此可见,买进看跌期权的杠杆效应可以远远大于卖出相同标的
资产期货合约的杠杆效应。

(2)同样,当价格变化局势对交易者不利时,期货套期保值者需要追加保证金,而
期权买方在持仓期间不需要支付任何费用。

(3)如果市场变化对交易者不利,看跌期权买方最大的损失为权利金,而卖出期
货合约可能产生很大的风险。

(4)如果市场变化有利于该交易者,则通过购买看跌期权套期保值比直接卖出期
货合约多支付权利金成本。

例:2012 年 6 月 29 日,某机构投资者以 42 港元的价格买进香港交易所九龙仓集
团有限公司股票 100 万股。10 月 24 日,该股票价格上涨至 53 元,交易者认为股票价
格已经上涨至目标价位,希望以此价格卖出股票实现投资收益。因直接卖出会产生
较大的冲击,故:①采用买进该股票看跌期权策略达到锁定利润的目的;②采用卖出
该股票期货合约的方式实现账面利润。

(1)采用买进看跌期权策略锁定收益。交易者以 1.26 元的价格买进 NOV12 执
行价格为 52 港元的股票看跌期权 1000 张。支付权利金 $1.26 \times 1000 \times 1000 = 1260000$ 港元。

如果股票价格继续上涨,尽管购买的看跌期权有所损失,但股票持仓将获得更多
收益;如果股票价格下跌,看跌期权的盈利将弥补股票价格下跌造成的损失。

2012 年 11 月 26 日,该股票价格上涨至 57 港元,期权价格下跌至 0.01 港元。交
易者将组合头寸平仓,以 57 港元的价格卖出股票,以 0.01 港元的价格将期权平仓。
由于采用期权策略多付出权利金代价 $(1.26 - 0.01) \times 1000000 = 1250000$ 港元,其股
票卖价相当于 $57 - 1.25 = 55.75$ 港元。

(2)采用卖出期货合约策略锁定收益。交易者以 53.12 港元的价格卖出 NOV 12
股票期货合约 100 万张,每张期货合约的合约规模为 1000 股。如果交易所收取保证
金的比例为 10%,交易者得交纳 $53.12 \times 1000000 \times 10\% = 5312000$ 港元。

当股票价格上涨至 57 港元时,该期货合约的价格上涨至 56.82 港元,交易者将
期货合约平仓,同时在市场上以 57 港元将股票卖出。采用期权策略所付出的代价为
期货头寸净损失 $(56.82 - 53.12) \times 1000000 = 3700000$ 港元,远高于权利金投入的代
价;其股票卖价相当于 $57 - 56.82 + 53.12 = 53.3$ 港元。

如果股票价格下跌的话,采用期权策略则要多付出权利金成本。

同样,对于该例中的股票持有者,在利用看跌期权套期保值时,可在买进看跌期
权的同时卖出执行价格较高的看涨期权,执行价格的选择可考虑股票持有者卖出股

票的目标价格。如果标的物市场价格下跌,交易者看跌期权盈利,同时还收获了看涨期权的权利金收入;如果标的物市场价格上涨,交易者可接受买方行权,按执行价格将所持股票卖出,实现其以较高价格卖出股票的目的,其卖出的看涨期权的权利金收入还可进一步提高股票的卖价。

上例中,该交易者在买进股票看跌期权的同时,卖出执行价格为 55 港元的看涨期权,所得权利金为 0.79 港元。11 月 26 日,当股票价格上涨至 57 港元时,如果交易者被指定行权,以 55 港元的价格将所持股票对冲,其股票卖价为 $55+0.79=55.79$ 港元,好于单独买进看跌期权;如果股票价格下跌,则收取的 0.79 港元权利金收入冲抵了部分购买看跌期权所投入的权利金成本。

三、期权套利策略

与期货套利策略相似,期权套利策略是指在买进期权合约的同时,卖出类型相同但其他要素不同,或卖出其他要素相同但类型不同的期权合约,从而避免单一期权交易对行情判断错误所付出的权利金代价,但这同时也降低了可能因判断正确获得高收益的可能。

期权套利策略有很多,通常按套利时建仓的期权头寸类型是否相同进行分类,可分为价差套利和组合套利两种。

(一)价差套利

期权价差套利策略是指同时有两个或多个相同类型的期权头寸的策略(即两个或多个看涨期权,或者两个或多个看跌期权)。价差策略包括牛市价差、熊市价差、盒式价差、蝶式价差、日历价差、对角价差等策略。其中,牛市价差策略和熊市价差策略是最基本的价差策略。

构建价差策略者通过对标的物未来市场价格趋势进行分析,在预期价格趋势的基础上构建套利组合而获利。套利者预期在一个期权价格上升的同时,另一个期权价格应该下跌,因此在买进一个期权的同时要卖出与该期权相同类型但执行价格不同的期权。

1. 牛市价差期权

牛市价差期权是最普遍的价差期权类型。该策略由两种不同执行价格的期权头寸组成,由购买一个确定执行价格的看涨期权和出售一个相同标的、到期日相同的较高执行价格的看涨期权得到。其特点是在标的物价格上涨时才能够获利。当投资者预期标的物价格上升时,可考虑采用牛市价差策略。对于看涨期权,执行价格越低,权利金应该越高,所以出售的执行价格较高的期权的权利金应该小于购买的执行价格较低的期权的权利金。因此,用看涨期权构造牛市价差期权策略时,需要一定的初始投资。

牛市价差期权有三种不同类型：

(1)期初两个看涨期权均为虚值期权。

(2)期初一个看涨期权为实值期权,另一个为虚值期权。

(3)期初两个看涨期权均为实值期权。

此外,通过购买较低执行价格的看跌期权和出售较高执行价格的看跌期权也可以建立牛市价差期权。对于看跌期权,执行价格越高,权利金也越高,所以与利用看涨期权建立的牛市价差期权不同,利用看跌期权建立的牛市价差期权,投资者开始会得到一个正的现金流(忽略保证金要求和交易成本),即构建策略初期交易者盈利,标的物价格下跌会使交易者亏损,所以该策略也被称为牛市价差期权策略。用看跌期权建立的牛市价差期权策略的最终收益低于用看涨期权建立的牛市价差期权策略的最终收益。

例:某交易者 9 月 10 日在 CME 以 0.0106 美元的价格出售一张执行价格(汇率)为 1.590 美元的 DEC 12 GBP/USD 看涨期货期权,同时又以 0.0467 美元的价格买进同一张执行价格为 1.510 美元的 GBP/USD 看涨期权,该日 DEC 12 GBP/USD 期货合约的价格为 1.5341 美元,试分析该交易者的盈亏状况。期权组合的盈亏状况如图 9-7 所示。

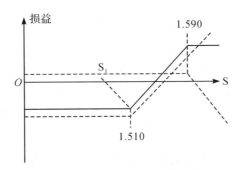

图 9-7 牛市价差期权损益状态

交易当日,标的物的市场价格为 1.5341 美元,出售的看涨期权为实值期权,买进的看涨期权为虚值期权,交易者的净损益为买入期权和卖出期权的价差,即该策略的初始现金流＝－0.0467＋0.0106＝－0.0361 美元。

当标的物的市场价格达到 S_1 时,交易者停止亏损,S_1 为该策略的损益平衡点。由图 9-7 可见,当标的物的市场价格上涨至 S_1 时,交易者的空头头寸仍盈利 0.0106 美元,所以多头头寸亏损 0.0106 美元,多头损益＝S_1－1.510－0.0467＋0.0106,S_1＝1.5461 美元。

当标的物的市场价格超过 S_1 时,交易者开始盈利,随着标的物市场价格的上涨,盈利增加,但当标的物的市场价格上涨至 1.590 美元时,盈利不再随标的物市场价格的上涨而进一步增加,即标的物市场价格在 1.590 美元及以上时盈利保持不变,此时交易者的多头头寸盈利,空头头寸亏损,组合净损益＝1.590－0.0467－1.510＋0.0106＝

0.0439美元,标的物市场价格在1.590美元以上时,组合的净损益恒为0.0439美元。

通过该组合策略,交易者最大亏损为构建策略时的初始投资额0.0361美元,锁定了风险,但也限制了盈利空间,最大盈利为0.0439美元。

2. 熊市价差期权

与牛市价差期权策略相同的是,熊市价差期权策略也是由两种不同执行价格的期权头寸组成的,不同的是,该策略的特点是在标的物价格下跌时能够获利,熊市价差期权也因此而得名。当投资者预期标的物价格下跌时,可考虑采用熊市价差策略。熊市价差策略可通过购买一个确定执行价格的看涨期权和出售另一个相同标的、到期日相同的较低执行价格的看涨期权得到。利用看涨期权构造的熊市价差期权可以获得一个初始的现金流入(忽略保证金要求),这是因为出售的看涨期权的价格高于购买的看涨期权的价格。

与牛市价差期权类似,熊市价差期权降低了标的物价格向不利方向变动时的损失,但同时也限制了标的物价格向有利方向变动时的潜在盈利。熊市价差期权也可以用看跌期权来构造。投资者购买较高执行价格的看跌期权并出售较低执行价格的看跌期权。持有由看跌期权构造的熊市价差期权需要初始投资。作为对放弃获得更大盈利机会的补偿,投资者获得了出售期权的期权费。

例:某交易者9月10日在CME以$22\dot{3}$(22.375≈22)美分/蒲式耳的价格出售一张12月份到期、执行价格为450美分/蒲式耳的玉米看跌期权,同时以$37\dot{5}$(37.675≈38)美分/蒲式耳的价格购买一张相同合约月份、执行价格为490美分/蒲式耳的玉米看跌期权,如果此时12月份玉米期货合约的价格为$478\dot{2}$(478.5)美分/蒲式耳,试分析该交易者的盈亏状况。

根据以上数据,两个看跌期权均为虚值期权,期权组合的盈亏状况如图9-8所示。

交易当日,标的物的市场价格为478.5美分/蒲式耳,此时看跌期权买方不会行权,卖出的看跌期权最大盈利共22美分/蒲式耳,买入的看跌期权最大亏损为38美分/蒲式耳,净损益$=-38+22=-16$美分/蒲式耳。

标的物的市场价格在450美分/蒲式耳及以上时,交易者均处于亏损状态,且最大亏损保持不变,为16美分/蒲式耳。

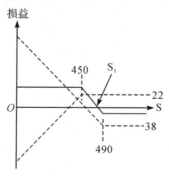

图 9-8 熊市价差期权损益状态

当标的物的市场价格低于 490 美分/蒲式耳并继续下跌时,亏损减少,至某点 S_1 时,盈亏平衡。由于期权空头头寸盈利 22 美分/蒲式耳,多头头寸应该亏损 22 美分/蒲式耳,$490-S_1-38+22$,$S_1=474$ 美分/蒲式耳。

标的物的市场价格低于 474 美分/蒲式耳并继续下跌时,交易者开始盈利,且盈利随着标的物市场价格的下跌而增加,但当标的物价格跌至 450 美分/蒲式耳时,盈利达到最大并保持不变,即不会随标的物价格的下跌而改变。当标的物跌至 450 美分/蒲式耳及以下时,交易者净损益$=490-38+22-450=24$ 美分/蒲式耳。

通过以上分析可见,采用该熊市价差期权策略,最大亏损为 16 美分/蒲式耳,大大减小了亏损程度,但也限定了盈利空间,最大盈利为 24 美分/蒲式耳。

3. 蝶式价差期权

蝶式价差期权策略由三种不同执行价格的期权头寸所组成。当投资者预期标的物价格不可能发生较大波动时,可考虑采用买入蝶式价差期权策略。可通过如下方式构造:同时购买一个较低执行价格和较高执行价格的看涨(或看跌)期权,再出售两个中间执行价格的看涨(或看跌)期权。一般来说,中间执行价格非常接近标的物价格。如果标的物价格保持在中间执行价格附近,运用该策略就会获利;如果标的物价格在任何方向上有较大波动,则会有少量损失。这一策略需要少量的初始投资。

例:10 月 17 日,CME 原油期货 DEC 12 的价格为 92.59 美元/桶,某交易者认为近期内该合约价格会在该价格附近波动,于是决定通过构建蝶式价差期权获取收益。

该交易者以 3.03 美元/桶的价格卖出 2 手(每手 1000 桶)该标的执行价格为 92.50 美元/桶的美式看涨期货期权,又分别以 4.52 美元/桶和 1.90 美元/桶的价格买进 1 手该标的执行价格分别为 90.00 美元/桶和 95.00 美元/桶的美式看涨期货期权。

当标的期货合约价格在 90.00 美元/桶至 92.50 美元/桶之间,且达到损益在平衡时,损益平衡点 S 的计算如下:$(3.03\times2)+(-1.90)+(S-90-4.52)=0$,$S=90.36$,即 S 在 90.36 美元/桶以下时,交易者亏损。

当标的期货合约的价格在 90.36 美元/桶以下并继续下跌至 90.00 美元/桶及以下,交易者亏损最大且不再随标的期货合约的下跌而改变,损益为 $3.03\times2-1.90-4.52=-0.36$ 美元/桶,总损益为 $1000\times(-0.36)=-360$ 美元。

当标的资产价格在 92.50 美元/桶至 95.00 美元/桶之间,且达到损益平衡时,损益平衡点 S 的计算如下:$(-S+92.50+3.03)\times2+(-1.90)+(S-90-4.52)=0$,$S=94.64$,即 S 在 94.64 美元/桶以上时,交易者亏损。

当标的期货合约的价格在 94.64 美元/桶以上并继续上涨至 95.00 美元/桶及以上时,交易者亏损最大,且亏损数额不再随标的期货合约的上涨而改变,损益为$(-95+92.5+3.03)\times2+(-1.90)+(95-90-4.52)=-0.36$ 美元/桶,总损益为 $-0.36\times1000=-360$ 美元。

标的物价格在 90.36 美元/桶至 94.64 美元/桶之间时,交易者盈利;价格为 92.50 美元/桶时,交易者盈利最大,为 $(3.03 \times 2)+(-1.90)+(92.50-90-4.52)=2.14$ 美元/桶,总损益为 $1000 \times 2.14 = 2140$ 美元。

具体损益状况见图 9-9 和图 9-10。

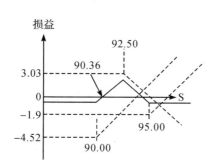

图 9-9　看涨期权构成的蝶式策略　　　图 9-10　看跌期权构成的蝶式策略

如果看跌期权均为欧式期权,运用看跌期权构造的蝶式价差期权与运用看涨期权构造的蝶式价差期权完全一样。卖空蝶式价差期权策略可通过如下方式构造:同时出售一个较低执行价格和较高执行价格的看涨(或看跌)期权,再购买两个中间执行价格的看涨(或看跌)期权。如果股价发生较大的变化,这个策略将获得一定的收益。

4. 日历价差期权

日历价差期权可通过以下方式构造:出售一个期限较短的看涨期权,同时购买一个具有相同执行价格且期限较长的看涨期权,在期限短的期权到期时,将期限长的期权出售。因为出售和购买的期权的差别在于期限不同,所以价格也不相同,日历价差期权由此得名。在其他条件相同的情况下,期权的到期日越长,价格越高。因此,日历价差期权需要一个初始投资,此策略的损益状态参见图 9-11。因为短期限期权到期时,长期限期权仍有一定的时间价值,所以长期限看涨期权头寸的损益状态为一条曲线。

由图 9-11 可见,如果期限短的期权到期时,标的资产价格接近期限较短的期权的执行价格,投资者可获利;如果标的资产价格远高于或远低于该执行价格时,投资者就会产生损失。

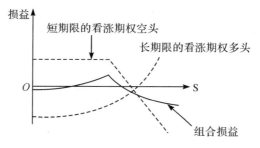

图 9-11　日历价差期权策略的损益状态(1)

日历价差期权也可以用看跌期权来构造。投资者购买一个期限较长的看跌期权,同时卖出一个期限较短的看跌期权,此策略的损益状态参见图 9-12。

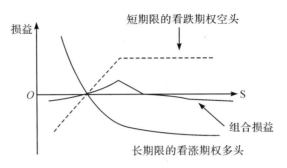

图 9-12   日历价差期权策略的损益状态(2)

由图 9-12 可见,如果期限短的期权到期时,标的资产价格接近期限较短的期权的执行价格,投资者可获利;如果标的资产价格远高于或远低于该执行价格,投资者就会产生损失。

投资者购买期限较短的期权,同时出售一个期限较长的期权,此策略被称为逆日历价差期权。此策略正好与日历价差期权的损益状态相反,但期限较短的期权到期时,如果标的资产价格远高于或远低于该期权的执行价格,投资者可获得少量的利润,如果标的资产价格与该期权的执行价格接近,会导致一定的损失。

5.对角价差期权

牛市价差期权、熊市价差价期权和日历价差期权都可通过在购买一个看涨期权的同时出售一个看涨期权来构造。在牛市价差期权和熊市价差期权的情况下,两个看涨期权的执行价格不同而到期日相同。在日历价差期权中,两种期权的执行价格相同而到期日不同。在对角价差期权中,两个看涨期权的执行价格和到期日均不相同。对角价差期权有许多不同的种类。其损益状态通常随着相应的牛市或熊市价差期权损益状态的变化而变化。

(二)组合套利

期权组合套利策略是指构建同一标的物、相同或不同执行价格的一个或多个看涨期权和看跌期权的策略,主要有跨式组合、Strips 组合、Straps 组合、宽跨式组合等策略。

如果投资者预计标的物市场价格将大幅波动,但波动方向不明确,则可以考虑构建组合套利策略。买进同一标的物的看涨期权和看跌期权,无论标的物市场价格上涨还是下跌,方向正确的期权获利,方向错误的期权损失权利金,所获得的收益大于权利金损失。所以,无论未来标的物价格上涨还是下跌,交易者均可获利。与单一期权策略相比,如果行情判断正确,交易者比单向期权多付出一个权利金代价,如果行情判断错误,即没有大幅波动而是窄幅整理,则交易者将损失两个期权的权利金。

1.跨式期权策略

组合期权策略中非常普遍的就是跨式期权策略。跨式期权的构建是同时买入具有相同执行价格、相同到期日、同种标的资产的看涨期权和看跌期权。在期权到期日，如果标的资产价格非常接近执行价格，该策略就会造成损失；反之，如果标的资产价格在任何方向大幅偏离执行价格，投资者就会获取大量利润。

当投资者预期标的资产价格会大幅波动，但不知变动方向时，可采用此策略。

从图 9-13 可以看出，当标的资产价格在 S_1 和 S_2 之间时，交易者处于亏损状态：标的资产价格下跌至 S_1 以下或上涨至 S_2 以上，交易者均可实现盈利。所以，标的资产价格大幅波动对交易者有利。

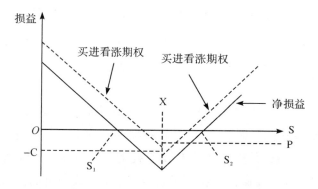

图 9-13　跨式组合期权策略的损益

2.Strips 期权策略和 Straps 期权策略

Strips 期权策略由相同执行价格和相同到期日的一个看涨期权和两个看跌期权的多头组成。投资者认为标的资产价格会有很大的变化，且标的资产价格下降的可能性要大于标的资产价格上升的可能性时，可考虑采用此策略。此策略的损益状态图参见图 9-14。

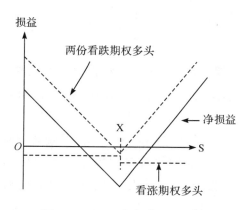

图 9-14　Strips 期权策略的损益

Straps 期权策略由相同执行价格和相同到期日的两个看涨期权和一个看跌期权

的多头组成。同样的,Straps 期权策略也适用于标的资产价格大幅变化的情形,与 Strips 期权策略不同的是,该策略适用于标的资产价格上升的可能性大于下降可能性的情形,此策略的损益状态参见图 9-15。

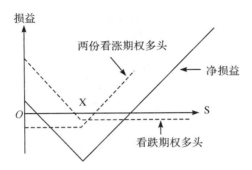

图 9-15　Straps 期权策略的损益

3.宽跨式期权策略

宽跨式期权策略也被称为地步垂直价差组合。购买相同到期日但执行价格不同的一个看跌期权和一个看涨期权,看涨期权的执行价格高于看跌期权的执行价格。

宽跨式期权策略与跨式期权策略相似,当投资者预期标的资产价格会大幅波动,但不能确定是上升还是下降时,可考虑采用此策略。与跨式期权策略不同的是,当宽跨式期权策略中标的资产变动程度大于跨式期权策略中的标的资产价格变动程度时,投资者才能获利,此策略的损益状态见图 9-16。

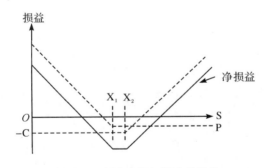

图 9-16　宽跨式期权策略的损益

采用宽跨式期权策略时,投资者的获利大小取决于两个期权执行价格的接近程度。距离越近,潜在损失就越小,标的资产价格变动程度越大,获得的利润也就越多。

 课后思考题

(1)期权有哪些基本要素?

(2)什么是期权价格?它的取值范围是什么?

(3)请论述期权价格的构成要素。

(4)哪些因素会影响期权的价格?

（5）了结期权头寸的方式有哪些？

（6）最基本的期权交易策略有哪几种？

（7）构建期权套期保值的最基本策略有哪些？分别具有什么特点？

课后习题讲解